本书得到国家社会科学基金项目（项目批准号：13BJL0

优化收入分配的公共品供给策略研究
——基于城市化背景

Research on Public Goods Supply Strategy of Optimizing Income Distribution under the Background of Urbanization

刘 炫◎著

经济管理出版社
ECONOMY & MANAGEMENT PUBLISHING HOUSE

图书在版编目（CIP）数据

优化收入分配的公共品供给策略研究：基于城市化背景/刘炫著．—北京：经济管理出版社，2021.5
ISBN 978-7-5096-8035-3

Ⅰ.①优… Ⅱ.①刘… Ⅲ.①公共物品—供给制—研究—中国②收入分配—研究—中国 Ⅳ.①F299.241②F126.2

中国版本图书馆 CIP 数据核字（2021）第 108782 号

组稿编辑：申桂萍
责任编辑：赵天宇
责任印制：黄章平
责任校对：董杉珊

出版发行：经济管理出版社
（北京市海淀区北蜂窝 8 号中雅大厦 A 座 11 层　100038）
网　　址：www.E-mp.com.cn
电　　话：(010) 51915602
印　　刷：唐山昊达印刷有限公司
经　　销：新华书店
开　　本：720mm×1000mm/16
印　　张：11.5
字　　数：157 千字
版　　次：2021 年 5 月第 1 版　2021 年 5 月第 1 次印刷
书　　号：ISBN 978-7-5096-8035-3
定　　价：58.00 元

·版权所有　翻印必究·

凡购本社图书，如有印装错误，由本社读者服务部负责调换。
联系地址：北京阜外月坛北小街 2 号
电话：(010) 68022974　邮编：100836

目 录

第一章 导论 ·· 1

    第一节 城市化背景下的收入分配问题 ··································· 1

    第二节 公共品供给与收入分配 ·· 6

    第三节 基本概念界定 ·· 9

    第四节 研究内容 ··· 12

第二章 城市化背景下公共品供给与收入分配：文献回顾 ········ 14

    第一节 收入分配基本问题的相关文献 ································· 14

    第二节 收入分配测度方法的相关文献 ································· 18

    第三节 公共品供给与收入分配的相关文献 ·························· 23

    第四节 城市化与收入分配相关文献 ···································· 38

    第五节 公共品的受益归宿分析 ··· 47

    本章小结 ··· 52

第三章 收入分配的基本测度指标与分解方法 ············· 55

第一节 收入分配的基本测度指标 ··················· 58

第二节 收入分配测度指标的分解方法 ················ 61

第三节 机会不平等的介绍 ······················ 65

第四章 公共品供给的收入分配效应：理论分析 ············ 68

第一节 劳动力流动与城乡收入差距：基本分析框架 ········ 70

第二节 公共品供给的结构与城乡收入差距 ············ 73

第三节 公共品城乡供给与城乡收入差距 ············· 76

第五章 城市化背景下公共品供给与收入分配：实证分析 ······· 81

第一节 基本方法 ··························· 83

第二节 样本与数据 ·························· 87

第三节 公共品供给对个人收入的影响 ··············· 90

第四节 公共品城乡供给与城乡收入分配 ············· 97

第五节 经济性公共品与城乡收入分配 ··············· 109

第六章 城市化对城乡收入分配的门槛效应分析 ············ 119

第一节 城乡人口流动特征与指标测算辨析 ············ 120

第二节 城市化对城乡收入分配影响的理论分析 ·········· 122

第三节 城市化与城乡收入差距：实证检验 ············ 124

第四节 城市化对收入分配的影响：基于面板门槛模型的

实证分析 ···························· 129

第七章 城市化背景下公共品受益归宿的理论分析 ············ 139

    第一节 公共品受益归宿分析的基本方法 ···················· 140

    第二节 城市化背景下的基本公共服务均等化与公共品受益归宿 ······ 142

    第三节 公共品受益归宿的政策意义 ························ 146

第八章 结论与政策启示 ···································· 148

    第一节 主要结论 ······································ 148

    第二节 政策启示 ······································ 151

参考文献 ·· 155

后记 ·· 175

第一章 导论

第一节 城市化背景下的收入分配问题

改革开放以来,我国经济增长的速度与经济发展的质量都取得了举世瞩目的成就,居民物质生活与精神生活的水平也都得到了巨大的提升,在此基础之上,我国目前也正朝着全面建成小康社会、扎实推进脱贫攻坚和乡村振兴而奋进。从时间维度上来看,综合国力与人均生活水平的巨大提升是改革开放的伟大成就,也是未来我国经济社会发展的坚实基础。国内外众多学者认为,中国经济发展的特征可以概括为高度集中的政治体制、经济的高速增长以及深厚的儒家文化传统。纵观改革开放的历程,持续几十年的经济增长与制度变革给民众带来了巨大的福祉,中国的减贫与农村改革主要在这个阶段完成。经济增长主要得益于大刀阔斧的制度改革,将巨大的劳动力供给与需求潜能释放出来,同时加大了开放的力度,企业的成长与发展又在供给层面为经济发展提供了源源不断的动力。

当前，随着经济社会发展进入新常态，我们对于经济发展的观念也在发生着重要的变化：经济发展更强调质量的提升；经济增长的动力也要求转向智力和技术的驱动；经济发展的结构也更要求在产业结构、要素结构、分配结构更为优化合理。党的十九大报告也明确指出，中国特色社会主义进入新时代，我国社会主要矛盾已经转化为人民日益增长的美好生活需要和不平衡不充分的发展之间的矛盾。其中，这一论断与新常态的内涵都特别凸显了收入分配问题在我国当前经济社会发展中的重要性。随着经济发展水平的不断提高，通过深化改革、释放增长的活力，"一部分人先富起来"的目标已经达到，但是收入差距的扩大是下一阶段我国经济社会发展面临的一个重要问题，如何在"先富"的基础上实现"共富"将是未来经济发展的重要目标。事实上，学术界对于收入分配问题始终保持着很高的关注，因为对任何一个后发国家而言，实现经济的起飞和快速发展固然重要，但是世界上许多其他国家和经济体的经济社会进一步发展都停滞在了向更高人均收入水平跃进的关键节点上，尤其是以居民收入分配状况迟迟得不到改善为显著特征，贫富差距并没有随着经济发展水平的提高而缩小，反而造成人力资本积累不足、贫富矛盾冲突加剧等一系列社会问题，造成经济社会转型停滞与经济增速难以为继，使得经济发展长期处于"中等收入陷阱"。在面对其他国家和经济体或成功或失败的先例时，我们能从中得到深刻的启示，即在经济社会转型的关键节点应重视居民收入分配问题，继续深化经济体制改革，围绕优化收入分配制定针对性的政策措施。因此，探索解决优化当前我国居民收入分配的问题具有极其重要的理论意义和现实意义。

我国的收入分配问题从现象、成因和对策等方面都具有重要的研究价值。从收入分配的表现上看，对收入分配的研究可以从地区、行业、居民、结构、阶段等不同维度来展开。

第一，从地区层面研究收入分配时可以发现，我国经济发展水平在区域间明显呈现东高西低的局面，因此无论是从人均地区生产总值还是人均收入来看，我国的东部地区都明显高于中西部地区。造成地区收入分配存在差异的格局既有历史的原因也有区位的原因：从历史上看，农业发展的中心和商业文化的中心始终在我国东部；从区位来看，具有更好人口基础、经济基础以及区位优势的东部地区更有利于改革开放政策的实行，因此东部在地区收入分配格局中的优势地位也就逐步建立了起来。

第二，也可以从行业层面对收入分配进行分析，这一分析视角是建立在市场经济较为发达的情况下，劳动人口参与社会分工之后从各类行业和劳动岗位获得劳动收入，在我国目前居民收入结构主要是劳动收入的前提下，这类视角的研究具有重要的理论和现实意义。采用合理的分析方法和工具可以观察出行业间收入差距的不同原因，可以有助于合理制定优化收入分配的政策。造成不同行业劳动收入差距的既有市场竞争的因素，也有劳动者自身素质的因素。目前存在的问题是由于产品市场的垄断、劳动力市场歧视等扭曲因素造成的收入分配不公，减少扭曲因素，完善市场竞争机制是解决这一问题的关键。

第三，研究居民收入分配问题最直观也最直接的就是从居民个体的收入数据入手，这一研究视角能够最精准地测算居民收入分配的真实状况，并且可以通过观测个体的特征差异找出影响收入分配的关键因素以及影响程度。但是，这一研究视角较依赖数据的质量，个体信息采集的工作周期较长、成本较高，对统计方法的科学性要求也较高。现在较为常用的基尼系数等就是能够较好测算居民个体收入分配情况的指标，从我国居民收入的基尼系数（国家统计局测算）来看，基尼系数处在 0.4~0.5，并且有逐年减小的趋势。虽然从数据表现上居民收入分配正在改善，但是从基尼系数的绝对值来看，收入分配仍存在较大的优化空间。

第四，从收入分配的阶段分析，收入分配可以看成初次分配与二次分配两个阶段，在不同的阶段，影响和调节居民收入分配的主体及手段都有较大的区别。对初次分配而言，决定初次分配的主要是市场机制，要素的持有者依照市场的定价获得报酬（回报），因此从收入公平的角度进行分析，只要市场机制是健全有效的，收入分配的合理性就比收入分配的绝对均等更重要。因此初次分配追求效率，而兼顾公平主要取决于二次分配。二次分配的实施主体是政府，政府通过税收、转移支付、公共产品供给等方式直接或间接完成收入分配的优化，在一定程度上可以减轻贫富分化，并缓解收入分化可能带来的社会矛盾。我国目前主要通过财税手段来进行收入分配的优化调节。如何兼顾效率和公平是制定相应政策的出发点，也是需要翔实细致研究之处。

第五，从收入分配的来源结构来看，居民收入可以分为工资收入、财产性收入、经营性收入等。对于收入来源结构的分析有助于判断收入差距的来源，也便于分析具体应对的措施。除此之外，还可以混合多种视角进行收入分配的分析，城乡居民之间的收入分配问题就混合了地区层面和居民层面的收入分配情况，这个问题既包括了区域原因造成的收入差距，也包括了微观个体原因造成的收入差距，而这个问题的根源在于我国经济社会发展中长期存在的城乡二元结构问题。由于目前城乡人口比例大致相当，而城乡差异又显著存在，因此，这也是在中国收入分配研究中极具意义的特殊领域。综上所述，收入分配是一个多角度、多维度的综合性复杂问题，而我国经济社会发展的多元性又决定了这是一个极具挑战性和吸引力的主题。

本书基于我国城乡结构发生转换进程中的收入分配问题进行研究。现阶段我国人口城市化给社会经济带来的深远影响，因为这会深刻影响城乡收入分配，进而影响居民的整体收入分配，因此本书以此为研究视角。城市化是以人口的城市集聚、城市经济占主导地位为标志。党的十八大报告中明确提出，"推进经济结构战略性调整，必须改善需求结构、优化产业结构、促进区域协调发展，推进城市化为重点，着力解决制约经济持续健康发展的重大结构性问题"。与传统城市化相比，新型城镇化战略更注重城市的创新发展，坚持实现城乡统筹发展与公共服务均质化。新型城市化的标志在于"要素互补、城乡一体、共同富裕、绿色发展"。可见在此背景下，新型城市化需要实现要素的高效集聚，带动智力与信息的交流，才能推动产业的转型升级，而这些都要求新城市人口的劳动技能与人力资本水平能够适应现代工业与高技术服务业的要求。

新型城镇化建设是我国现代化的必由之路，也是促进社会全面进步的必然要求。第一，新型城镇化是与工业化、信息化、农业现代化同步进行、相辅相成的过程，是实现经济转型的重要载体。第二，新型城镇化是人口集聚，进而带动消费升级和服务业发展的过程。人口集聚可以有效提升要素的集中度，也有利于生产和消费规模效应的发挥；生产效率的提升可以有效带动居民收入的增长，从而助推消费规模的扩大并升级消费层级，进而带动服务业高质量发展。第三，新型城镇化是扩大公共服务规模、降低单位公共服务成本的有效途径。人口向城市集聚必然会形成对城市基础设施和民生性公共服务的巨大需求，这能极大拉动政府与社会对这些公共产品的投资；而且集聚的人口也能降低公共产品的投入产出效率，能够做到以更小的成本提供更多的服务，使公共产品的受益范围更广，规模效应更强，可以极大优化社会资源的配置。从以上的分析可以看出，走新型城镇化道路既是经济社会演进的必然趋势，也是可以经由合理规划和引导的社会进程。

2014 年，中共中央、国务院颁布《国家新型城镇化规划（2014—2020年）》，明确了新型城镇化建设的目标和方针，对我国的新型城镇化建设做出了规划和设计。从截至 2018 年的数据来看，我国的人口城镇化率已经达到了 59.58%，随着城市产业的发展和城乡人口流动阻碍的减小，人口城市化业已成为一个不可逆转的趋势，如何正确规范和引导这一进程才更为关键。横向来看，西方发达国家的人口城市化率目前都基本在 80% 以上，我国目前的城镇化率与之相比还有较大的差距，这也从另一个角度说明我国的城镇化进程尚处于"进行时",而非"完成时"。因此可以认为,我国的城市化进程还将继续持续和深入,这是经济社会发展的自然进程。那么与本书所要研究的收入分配这一主题联系起来,城市化就是收入分配问题的重要背景,因为城市化恰好涉及了城乡人口分布的改变与居民收入的变化,这两项因素也是影响和测度收入分配状况的最重要因素。由此可见,要讨论居民收入分配的演化不能脱离人口城市化的进程,要充分考虑居民在城乡之间流动对不同群体居民生产和生活方式的影响,深入理解其对居民收入的影响机制,才能较为科学地回答我国居民收入分配变化所呈现出的特征及其原因。同时,城市化作为提高经济资源配置效率、促进经济增长的重要手段,是否也会有助于优化居民的收入分配,或者换句话说,应该怎样做才能在城市化取得效率提升的过程中保证居民收入分配的改善,也是本书需要回答的问题。

第二节 公共品供给与收入分配

城市化背景下的收入分配问题中,对收入分配影响较大的主要是政府的调控作用。在初次分配时政府干预力度较小,二次分配时政府起到了主要作用。政府在收入调控的过程中有很多的手段,财税手段是主要手段,通过政府的收入和支出影响微观主体(这里的微观主体就是家庭或居民)的收入水平。首先,政府较直接的干预手段是通过广义的税收手段(包括社保缴费)使不同收入水平的群体面对不同的税负水平,例如,累进收入税制会产生较为直观和明显的收入分配效果,但是单纯通过税收进行调节只考虑了个人收入的重新分配,这样的调节更多是起到账面的、一次性的均等化作用,最终起到的均等化效果还应当联合考虑财政支出的作用。其次,要从财政支出的角度考虑政府的收入分配调节作用，因为与税制安排所产生的效果相比，财政支出对收入分配的影响虽然是间接的，但总量更大，所产生的效果也更强。因此，从政府的财政支出的视角研究政府在城市化背景下对收入分配的调节作用是必要的。那么，财政支出本身并不直接作用于居民收入，它需要通过政府提供的诸如教育、医疗、社会保障体系等基本公共品才能直接影响居民的收入水平。所以，本书要从政府提供的基本公共品的角度考查其对收入分配的作用机制以及作用效果，并且为提出旨在优化收入分配结构的公共品供给策略筑牢理论基础。探讨如何通过优化当前各类公共品的供给策略（包括城市与乡村），能够让公共服务均等化的供给给收入分配带来直观的改善，尤其是在当下各地方政府财政收入增速放缓、财政资源相对有限的条件下，更应该在公共品的供给方面做到精准有效、有的放矢，这对逐步实现全体人民共同富裕的战略目标具有重要的意义和应用价值。

我国的基本公共服务均等化是优化居民收入分配、全面建成小康社会的重要战略基础。2017年1月23日，国务院印发实施了《"十三五"推进基本公共服务均等化规划》，在此基础之上全国各省市也纷纷相应制定了各自的"十三五"期间基本公共服务均等化的规划。应该说这些规划为我国的基本公共服务均等化的实现提供了指引，奠定了基础，但是更多的理论内涵和实践策略仍然存在很大的研究空间。基本公共服务均等化的目的在于促进全体人民享有基本社会福利，从而促进社会的公平正义，增进人民的福祉。基本公共服务的均等化不能简单理解为将所有的公共服务都在数量上进行完全均等的配置，而是强调对于民生必需的公共服务领域做到基本的均等化供给。所以这一概念并不是强调结果的均等，反而更应该看成是对居民"机会公平"的一项要求。也就是说，无论居民个体或家庭处于何种收入水平，他们都应该获得与其他人相近的基本公共服务水平，这保证了每个个体具有基本相同的发展起点。因此，从理论上看这也保证了每个个体在收入能力上具有基本相同的起点，同时也能从中看出基本公共服务与收入分配这两个主题之间的密切联系。从实践的层面来看，之所以在这一阶段着重强调基本公共服务的均等化，根本原因在于当下需要扭转长期效率导向型的政策所造成的地区经济发展水平以及地方公共服务供给水平的差距。在长期的经济建设中，效率导向型的经济政策虽然总体上提升了经济增长速度和经济发展水平，但也不可避免地拉开了区域之间的发展差距，也拉开了地方政府之间的财力水平，而在我国分税制的背景下，地方政府对各自辖区的公共品供给水平具有较强的激励，因此不同的经济发展水平造成了不同地区间较大的公共服务供给差异，尤其是在教育、医疗、社会保障等基本公共服务方面各地区间具有明显的差距。造成目前现状的深层原因也使解决这一问题变得更为复杂。

首先，如何平衡"效率"与"公平"之间的关系，政府平衡地区间财力的手段主要是采用转移支付的机制，过多强调财力的均等是否会挫伤经济发达地区的经济建设的积极性仍是一个必须慎重考虑的问题。其次，如何推进基本公共服务的均等化，每一种不同类型的基本公共服务是否采用同样的原则进行均等化的施策，例如，对于基本公共服务中最为重要的教育与医疗，这两项对个体素质的保障和提升无论是在作用机制还是作用方向上都具有较大的差异性，那么这就要求我们的策略研究要足够的细致和具体，采用更为微观的视角以及更具有说服力的方法和工具完成研究，这样才能得到具有可操作性的科学结论。再次，在基本公共服务均等化的规划里，已经对基本公共服务的范围作了比较明确的界定，包括基本公共教育、基本医疗等八大类，并细化为 81 个小类。最后，回到我们研究的主题，如何衡量基本公共服务对居民或家庭收入的真正作用也是需要很复杂的研究设计的，因为基本公共服务供给水平与一个人的收入水平有着直接的关系，但是基本公共服务到底会对个人收入产生多大的影响，将直接决定这一问题研究的意义。更进一步的，如果因为基本公共服务的差异造成居民收入水平的差异，那么这种影响会达到多大的程度，这也是十分值得我们研究的地方。

综上所述，基本公共服务均等化是我国实现共同富裕的题中之意，同时也是影响居民收入分配的重要因素，因此本书将其作为研究收入分配的切入点。

在本书中，我们也将用更大的篇幅去仔细讨论公共品供给对于收入分配的作用，探讨在人口城市化进程中如何通过优化公共品供给的结构、方式和策略以促进居民收入分配状况的改善，试图揭示公共品供给对居民收入的影响机制和影响效应。

第三节 基本概念界定

一、城市化

城市化无疑是一个具有丰富内涵的概念。在许多表述中，新型城镇化作为能够反映当前城市化特征的一个概念，得到了充分的阐释。在空间上，城市化是城市地理边界的扩张，土地的城市化带来了城市空间格局的变化，城市面积扩容为城市的快速发展提供了重要保障，但是对于土地城市化的侧重主要集中在城市化早期阶段，因为城市化往往都是土地开发先行，城市扩容与公共基础设施的大规模建设同步，这样才能为城市后续发展打下基础。在经济方面，城市化是生产方式的转变，随着人口的集聚，无疑为规模化的生产提供了必要的要素条件，同时也能更好地促进产业分工，创造更多的就业机会，又反过来促进人口的集聚，这种正向的良性循环正是城市化的经济动力，也是城市化进程中最主要的动力。在人的转变方面，城市化就是人口向城市集中，特别是农村居民的生产和生活方式的转变，这种转变是城市化最终影响的底层部分，也是城市化影响最深刻的部分。当然，这也伴随着居民收入的变化，其中有农村居民因为加入城市产业的分工中而发生收入变化，也有原城市居民在这个变迁过程中收入也发生了变化，于是居民的收入分配情况也发生了相应的变化。在本书中，城市化与新型城镇化所表述的理论内涵基本一致，并且由于本书中较多篇幅涉及实证研究，在实证研究层面代表城市化的指标为"人口城市化"水平，之所以这样选择是想强调城市化是人的城市化，而本书的研究对象也恰是居民的收入水平以及收入分配问题，采用人口的城市化水平对城市化进行度量也较为恰当。

二、优化收入分配

正如前面所介绍的那样，收入分配是一个多维度、多层次的问题，我们可以从多个方面来理解收入分配，也有很多方法和工具去度量收入分配的状态。从理论上说，对于居民收入分配的测度最合适的是来自个人或家庭的观测数据，并由此观测数据直接测度居民之间的收入分配，这是最准确的。但是，限于数据的可得性与关注问题的不同，在本书中较多采用的是城乡居民收入分配这一视角来作为"收入分配"的代表，因为研究所关注的收入分配问题的背景是人口城市化，换句话说就是城乡人口比例结构的变化，这与城乡收入分配的测度方法有密切联系。此外，在我国特殊的城乡二元结构中，城乡居民收入的差距是构成居民收入差距的重要因素，许多学者认为中国居民的收入差距主要缘于城乡居民的收入差距。因此，选择城乡收入差距作为收入分配的主要衡量角度具有一定的合理性。

同时，本书在部分章节也是用较为广义的以居民个体为单位测度的收入分配指标，采用何种指标完全是根据论述的主题所需进行选择。还应当强调的是，本书涉及的"优化收入分配"这一概念需要从以下两个方面进行认识：其一，从指标上看是居民收入差距的减小；其二，从制度上看是全社会的收入分配机制愈发合理和健全。

三、公共品供给

公共品供给也是一个相对宽泛的概念。公共品就是一个包含对象十分广泛的一个概念，从公共品的定义来看，只要符合非竞争性或非排他性的物品都可以成为公共品，但是现实中哪些物品可以被看成公共品往往都具有较强的相对性。

从实践的角度看，政府作为公共品的主要供给者，向社会全体居民供给各类的公共品，这些公共品在社会经济发展中起到不同的作用，很难有统一的框架对不同功能的公共品进行分析，甚至由于公共品自身具有较强外部性的特征，也会让评价公共品的作用和功能变得十分困难。因此，这也造成了对于公共品的界定和分类具有较强的主观性，从形态上可以将公共品分为有形的公共品和无形的公共品（如法律、制度等）；从发挥的功能上可以将公共品分为经济性公共品和民生性公共品，所谓经济性公共品是指诸如基础设施等对生产建设、经济发展具有重要作用的公共品，而民生性公共品是指诸如教育、医疗等对居民生活具有重要影响的公共品，其对于产出的作用需通过人力资本的积累来实现，其经济外部性更为间接。本书较多采用这种对公共品的分类，因为经济性公共品和民生性公共品都较为深刻地影响着居民的收入水平，而不同类型公共品从供给结构、供给方式到影响效应都完全不同，这些都是值得深入研究的问题。在本书中，很多章节侧重于民生性公共品供给问题的探讨，这与国家积极推进的基本公共服务均等化是高度关联的。此外，本书所涉及的公共品的范围比广义的公共品范围略小，不包括维护社会稳定的公共品（如国防、警察）及制度性公共品（如法律、规章制度）。对于另一个核心的概念"供给"，在本书的实证研究中较为关注的是公共品供给的数量或者说是供给水平，而在本书关于公共品受益归宿分析和公共品供给策略的研究中则较为关注某类公共品供给的具体操作，从供给的方式上探究单纯的数量分析难以观察到的效应。公共品供给的主体可以划分为政府与市场两类，但是供给主体的边界并非一成不变，随着技术、文化、制度的变迁，许多原来需要政府组织供给的公共品已经可以实现市场化供给。尤其是具有"排他性"的准公共品，对于它们的供给完全可以实现市场化。本书的主题暗含着一个假设，即公共品供给主要是由政府承担，事实上这样的假设是符合目前我国公共品供给的现状的。

第四节 研究内容

第一章为导论。主要介绍本书研究的主要背景和研究目的。在人口流动加剧、人们的生产生活方式日新月异的环境下，政府如何通过改善公共产品的供给从而优化居民收入分配状况。并且对本书所涉及的诸如城市化、收入分配、公共品供给等主要概念进行界定和阐释，为后续章节的论述提供坚实的支撑。

第二章为城市化背景下公共品供给与收入分配的文献回顾。主要介绍和论述公共产品或财政支出对居民收入分配情况影响的相关文献，并述评相关文献之间的联系。同时，介绍收入分配研究领域的一些基本研究方法和工具，尝试引入该领域新出现的部分新观点和新角度，拓宽收入分配领域研究的视角。

第三章为收入分配的基本测度指标与分解方法。首先，这一章主要详细说明收入分配度量指标的测算方法，例如基尼系数、广义上指数；其次，进一步介绍收入分配程度的分解方法，该部分具有较强的技术性同时也有着较多的分解视角，因此主要选取指标的组间—组内分解的基本方法进行介绍；最后，就机会不平等这一问题进行简单的论述，简要介绍机会不平等问题的分析思路，将机会不平等从不平等的分析中分解出来，以进一步拓宽研究的视野。

第四章为公共品供给对城乡居民收入分配影响的理论分析。这一章结合城乡收入分配测度的方法，将城乡人口规模和比例与城乡居民收入构造理论相关联，以便将人口流动与收入分配模型化。在构造分析模型的同时，阐释公共产品对居民收入的理论影响，以及我国当前城乡人口流动的模式与特征，为模型构建夯实基础。

第五章为公共品供给对城乡居民收入分配影响的实证分析。这一章主要从两个方面实证公共产品供给对于城乡居民收入分配的影响效应：一方面，地方政府对公共品在城乡间的分配的偏好有何显著特征，并针对这一特征进行实证研究；另一方面，以期得到政府的公共品供给的策略是如何影响城乡居民收入分配的。

第六章为城市化对城乡收入分配的门槛效应分析。在理论上探讨人口向城市流动与城市基本公共服务发展之间的关系，并在充分考虑地方政府对公共品供给能力的前提下，实证检验城市化对城乡居民收入分配是否具有持续、稳定的影响，以期从更丰富的视角去考察城市化与城乡居民收入分配的关系。

第七章为公共品的受益归宿对收入分配影响理论分析。在这一章之前的内容主要探讨的是公共品供给在数量水平上对居民收入分配的影响，应该说视角较为传统，在本章将从更为微观的视角去分析政府公共品供给的行为到底会使哪类收入水平的人群获益，从理论上介绍该领域使用较为成熟的分析方法，并仔细分析不同种类的公共品对居民的影响途径，侧重从理论上阐明这几种公共品在供给时会产生哪些受益不均的问题，这些问题又会如何影响不同收入阶层的收入。

第八章为结论与政策启示。综合前面各章的研究结论，从公共品的供给方向、供给数量、供给方式等多个方面论述应该如何进行公共品的供给才能有效优化居民的收入分配状况，并为该主题的进一步研究提供思路和展望。

第二章 城市化背景下公共品供给与收入分配：文献回顾

第一节 收入分配基本问题的相关文献

从20世纪90年代中期以来，学术界就十分关注我国居民收入分配状况的演变，从各种角度判别、分析和解释我国收入分配状况，试图探究影响收入分配的关键因素，如历史沿革、发展战略、政策变迁等。李实和赵人伟（1999）在对"中国居民收入分配课题组"二期工作进行总结时指出，我国的城乡收入差距扩大仍是造成居民总体收入分配恶化的主要原因；而农村经济结构的变化导致了农村居民内部收入差距的扩大，其中非农收入差异是扩大农村内部收入差距的关键因素。研究发现，劳动力流动在富裕地区与贫困地区对收入差距的作用方向并不一致，而教育收益由于市场机制建设的相对滞后而明显偏低。另外，住房体制改革与资产分布不均引发的收入差距也变得愈发重要。林毅夫（2002）将我国城市化发展的滞后与农村现代化发展的滞后归结为失当的"重工业化优先发展的战略",大力发展资本密集型产业造成了我国城市化重"量"而轻"质"。由于城市良性发展的制度建设滞后,使得城市化未能充分发挥资源的集聚效应。同时,资金过度投入城市地区又抑制了农村现代化的发展,尤其是农村发展建设所迫切需要的道路、电网、通信、卫生等基础设施建设投入都相当缺乏。可见,工业化、城市化与农村现代化三者之间的关系存在相当复杂的联系,而其背后的根源正在于发展战略的偏向。李实(2011)总结了我国改革开放以来收入分配领域的主要问题。首先,回顾收入分配的测度的主要研究成果,作者认为目前我国整体收入差距(以基尼系数测算)在0.5左右,已经处于通常认为的警戒水平。其次,作者总结了我国收入分配领域存在的六大突出问题,即城乡收入差距过大、垄断引起收入分配恶化、税收的调节作用、基础教育分布的公平性、收入流动性与阶层固化,以及灰色收入问题。可以说,以上六点基本涵盖了目前我国收入分配领域矛盾最为突出的几个方面。而解决以上问题最主要还需依靠完善的政策体系的支持,并且应充分考虑政策的相互联系,以期获得最好的政策效果。

王洪亮和徐翔(2006)在仔细回顾了我国收入差距问题的相关文献,引出了关于收入差距问题的一个主要争论——城乡收入差距与地区间收入差距相比哪一个才是更重要的因素。他们认为,对泰尔指数的分解"次序"会影响结论的判断,因此,同时采用两种分解过程,并观察城乡收入差距与地区间收入差距的纯效应,结果表明:城乡收入差距较之地区间收入差距是更为严重的。而且,城乡间的劳动力流动可能会使总体收入差距上升,而地区间人口流动却有助于改善总体收入差距。李实和罗楚亮(2011)针对我国居民整体收入差距测算的基本问题进行了详细讨论并指出,对收入的定义及统计口径、抽样偏差以及不同区域间货币购买力差异等问题是造成收入差距估计争论的重要原因。首先,居民收入中存在大量难以统计的隐性收入,并且城乡人口与收入统计口径的变化也给估算城乡收入差距带来了较大难度。其次,地区间物价水平的差异事实上决定了个人真实的福利水平,因此需要进行地区间购买力平价的调整。最后,由于高收入群体具有低报收入的倾向,并且在收入统计调整中也较易造成高收入者比重偏低的情况。因此,针对以上两个问题,采用了帕累托分布予以修正。结论显示,高收入样本偏误导致低估了城镇内部的收入差距,也同时低估了居民的总体收入差距。

蔡昉(2003)回顾了我国改革开放以来城乡收入差距的历史变迁,发现其与全国总体收入分配变化呈相同趋势,并认为"城市偏向政策"是导致城乡收入差距扩大的主要因素之一,这种"偏向性的政策"造成了中华人民共和国成立后直至改革开放初期城乡收入差距的扩大,而90年代以来的城乡收入差距也可归结为偏向城市的经济政策使然。但如果更进一步思考,在城市化的大趋势下,偏向城市的经济政策与制度安排不应全盘否认,其中确实不利于改善收入分配的制度安排的应予逐步完善,改进不合理的、有违公平原则的经济政策才是城市化进程中缩小城乡收入差距的关键所在。白重恩和钱震杰(2009)在宏观层面上对国民收入分配格局进行了分析。研究表明,自从1996年之后,居民收入占国民总收入的比重逐年缩小,并且初次分配的结构变化才是引起居民收入下降的主要力量,而再分配的力量对改善居民收入分配格局收效甚微。同时,企业收入与政府收入在此期间显著上升,其中城镇居民中国有企事业单位人员及公务员群体的收入水平因存在隐性收入而被低估,这可能会扩大城乡居民的收入差距。

蔡萌和岳希明(2016)通过微观数据库研究了我国居民收入不平等的主要来源。尽管许多研究都从不同角度尝试解释收入不平等的原因,并得到许多具有启发性的结论,但对于我国居民收入不平等主要来源的问题,学术界并没有达成一个明确的共识。该研究通过对中国家庭收入调查数据库家户数据的分析发现:参照市场化较为完善的近似于发达国家的情况,我国居民通过市场途径取得的收入其不平等的程度与发达国家相近,因此我国居民收入不平等并不是市场化的原因（初次分配）造成的，而更多是来自于二次分配的力度不足。这一结论为收入分配的研究提供了一个可借鉴的基础。

在讨论收入分配与经济增长的问题时，学者从各自的角度阐述了自己的观点。权衡和徐琤（2002）分析了经济增长与收入分配之间的相互关系。对于收入合理性的判断原则主要分为伦理学意义上的平等准则以及效率原则。前者认为合理的收入分配应从天赋平等原则出发，强调居民收入的均等化；而效率原则认为合理的收入分配应以有利于促进经济增长为目标。值得注意的是，效率原则更倾向于充分发挥市场引导资源配置的力量，实现劳动力资源最优配置的同时必然会引起收入水平的分化，但进行制度构建时，更应注重建设健康的制度环境以及公平高效的公共服务供给机制。在此基础之上的效率优先原则才能同时兼顾经济增长与收入公平。贺大兴和姚洋（2011）从社会平等的角度分析了我国经济增长的模式与特点，并指出我国改革开放后长期经济增长的成绩得益于之前进行的一系列造就社会平等的改革，使社会中没有出现可以左右政策的"利益集团"，这保证了改革开放后政府能够更好地推动经济增长。因为它的政策制定只以"效率"为目标，尽管在增长的过程中出现了差距，但仍瑕不掩瑜：政府始终处于致力于经济增长的道路之上，而经济差距恰是来自于对效率的追求，具体而言可以分为三个方面：第一，对外开放与优先发展沿海地区的策略扩大了地区间的收入差距；第二，国有企业改革目标在于提高国有经济的效率和活力，但可能间接造成了城市内部收入差距的扩大；第三，为将资源分配给生产率更高的城市地区，政府实行的偏向城市的经济政策也会直接造成城乡收入差距的扩大。

综观上述学者的研究成果，我们可以发现：我国自从20世纪90年代中期以来，居民总体收入差距呈现扩大的变动趋势。而其中表现收入差距最重要的两个方面为城乡间收入差距的扩大和地区间收入差距的扩大。而造成这种局面的原因复杂多样，既有在新中国成立后重工轻农的发展政策的因素，也有改革开放后沿海地区借助出口战略实现快速经济发展，从而拉大地区间的收入差距；既有产业结构不合理的因素，也有财政体制的因素。

第二节　收入分配测度方法的相关文献

对收入分配测度方法的研究长期处于学术的前沿，一个既能考虑人口因素又能满足各种苛刻性质的测度指标一直是统计学家与经济学家们所追求的。而我国总体收入分配状况与城乡收入分配的真实状况也是经济学家们争论的热点，对于不同的统计口径、不同的统计方法所得到的结果会有比较大的差距，但无论是官方还是民间所发布的基尼系数[①]，都显示出我国收入分配的趋势总体趋于恶化。除此之外，学界也并不满足于基尼系数这一指标的良好性质，在应用研究中相继发展了多种测度指标进行比较性研究。而之所以对收入分配测度指标要求严格，是因为需要通过对这些指标进行分解研究，以便有助于学者或政策研究者厘清影响收入分配的具体因素，探究收入差距的来源。

Shorrocks（1980，1982，1984）详细回顾了差距指标的测度方式，总结了可分解差距指标所应具备的性质，比较了几种较为常见的差距指标的数值特性，并且基于此，提出了"广义熵指数"（泰尔指数）的一般概念（Shorrocks，1980），该指数在组成要素及组群间都具有可分可加性，即意味应用广义熵指数作为差距测度指标，各分解部分的差距指数之和等于总差距指数（Shorrocks，1982，1984）。而基尼系数虽然在"组成要素"分解中保持可分可加性，但在组群分解中却显得无能为力。这也正是泰尔指数越来越得到广泛

---

① 最常用的收入分配统计指标。

应用的原因。运用各种收入分配测度方法的实证研究也因此而丰富起来。王鹏根据 Shorrocks（1999）提出的依靠夏普里值过程（一种合作博弈的视角）分解差距影响因素的方法，分析了我国工资收入差距的影响因素及其影响程度，研究结果发现，人力资本的差距已经成为影响工资收入差距的最主要因素，同时发现，单位所有制类型、职业以及社会资本对工资收入也有重要影响；此外，工资差距在地域的差距也非常明显。该文在依据夏普里值过程进行分解分析时便采用了 Wan（2002）所开发的具体计算程序，使得研究的结论更为稳健。

王少平和欧阳志刚（2007）采用广义熵指数（泰尔指数）测度了我国城乡收入差距，该方法较以前所采用的城乡人均收入比更为客观地反映了人口因素对差距的影响，是一个更为全面反映"差距"的指标。并且该研究更进一步分析了城乡收入差距对经济增长的作用效应，实证上使用面板协整的方法，分别用协整与误差修正模型分析了城乡收入差距对经济增长的长期以及短期效应。并得到结论：在不同的发展阶段城乡收入差距对于我国的经济增长具有不同的影响。

岳希明等（1999）基于回归分析的收入差距分解方法分析了 1995 年与 2002 年中国 18 个省份的 73649 份与 62089 份样本。回归分解主要侧重于家户的整体信息，着重考察了年龄、性别、健康、教育、政治身份等家庭特征对总体差距的影响。结论显示：年龄、教育、家庭规模、是否为中共党员、地区因素、城乡因素都显著影响了全体居民的收入差距，并且回归结果与理论预期保持一致。Kanbur 和张晓波（1999）利用泰尔指数分别对中国 1983~1995 年沿海与内地，以及城市与农村间收入的差距进行了分解。在样本期内，研究发现城乡收入的差距远高于沿海与内地的收入差距；虽然城乡收入差距长时间内保持相对不变，但沿海与内地的收入差距程度却持续上升。并且，研究试图以劳动力流动作为上述现象的解释。Field 和 Yoo（2000）利用回归方程方法分解了1976~1993年韩国居民收入数据，但使用的回归方程为半对数形式，研究发现，影响收入水平值的关键因素有工作保留期、性别、受教育年限以及职位；而影响收入变化的因素主要有受教育年限、行业、职位与在职期潜力。Morduch和Sicular（2002）利用回归方程分解差距指标的方法分解了来自中国农村样本的差距程度，他们在总结了前人使用回归分析法分解差距的模型设定之后，提出了采用完全线性的模型进行分解，避免了对数或半对数模型对收入差距分解时产生的偏误，并且实证比较了几种方法对同一样本数据估计的区别。但是回归分析的一大缺陷在于严重依赖数据的变量选择是否丰富，否则会造成无法解释的差距程度占据很大比重，使得模型的解释力下降。Gunatilaka和Chotikapanich（2005）针对斯里兰卡1980~2003年收入数据，首先在统计上描述了斯里兰卡收入差距变化的原因，即富人收入的快速增长正是收入差距上升的主要原因；并使用Shapley值分解的方法侦测其对收入差距的潜在影响，结论显示，基础设施受益不均等、教育的差异、职位的机会差距是造成收入差距的主要原因，而地理因素与种族因素则几乎不对差距有贡献。王卫等（2007）采用重庆市1%人口抽样调查数据，不仅使用回归分解方法，而且依人口特征将人群分组，分解了组间差距并且按收入来源分解了要素差距。研究发现，即使在重庆这样的直辖市，城乡间的区别也是造成收入差距的主要因素，而其中教育机会的差距又是城乡差距最突出的表现。

在研究城镇居民收入分配问题方面。陈斌开等（2009）根据中国营养与健康调查（CHNS）数据库利用Heckman两步法处理了样本选择偏误的问题，之后采用回归方程分解方法定量研究1990~2005年教育、经验、家庭特征以及区域间等因素对差距的影响。结论显示：地区间的差异影响显著上升，且教育对差距的效应也越来越大，但经验的作用变小；并最终认为在样本期内产业结构的异变以及技术进步是造成城镇居民劳动收入变化的主要原因。陈钊等（2010）利用CHIPS数据库中1988年、1995年、2002年的城镇收入及个体特征数据，用半对数形式的回归方程方法分解了城镇居民收入的差距，其中使用了 Shapley 值分解的方法。结果显示，城镇收入差距的扩大主要是由垄断行业的迅速扩张所致，并且，区域因素、教育差距、所有制与职业都对城镇居民收入差距有正向影响。因此，遏制城镇居民收入差距的扩大关键在于打破劳动力市场中垄断行业的进入壁垒以及产品市场上垄断行业的垄断地位，并辅以公共教育供给的均等化措施，去除劳动力在地区间流动的障碍，才能缓解日益增长的城镇内部收入差距。马草原等（2010）以天津市的城镇居民的典型调查数据为样本，研究了 1988~2008 年城镇居民收入分配状况。研究首先从收入来源的视角分析了收入差距变动的轨迹，认为工资性收入的变动才是收入异变的主要原因，经营性收入与财产性收入则趋于平等。在回归方程的分解分析中发现，职位、行业及居民受教育程度构成了城镇居民收入差距的最主要的三个因素。瞿晶和姚先国（2011）侧重关注房地产及金融资产对收入差距的影响，利用 2002~2007 年国家统计局六省城镇居民的住户调查数据进行了收入来源的分解分析，研究结论认为：城镇居民间在房地产与金融资产持有量的差距已经愈发成为影响城镇内部差距的重要因素，而且以房地产为代表的财产性收入的差距会随着房价的上升造成收入日益扩大。

在研究农村居民收入分配问题时。Wan（2004）利用农村家户调查数据，采取回归方程分解方法对收入来源进行分解，文中采用的回归方程设定为 Cox - Box 这类非线性函数形式，但事实上这为差距指标的测算和分解带来了困扰，因为收入的形式发生了改变，使得差距指标在一定程度上发生了扭曲。当然，这也是所有非纯水平形式的回归方程分解所面临的问题。屈小博和都阳（2010）利用 1995~2008 年省级面板数据分解了农村地区的基尼系数，该分解是在来源上对差距指标进行分解，但其分解所使用的方法只是依据传统的来源分解公式，并没有使用回归方程方法，对于样本量较小且只对来源分解的情况，这一方法较易操作。该研究的结论显示：农村收入差距逐年上升，且这一上升的主要来源正是在于工资收入差距的上升，这已经成为影响农村收入差距的主要原因，这是由于在样本期内，东西部农村间工业化和城镇化水平差异过大引发了两个地区间农民工资的差距上升。赵亮和张世伟（2011）利用2005年与2007年吉林省农村住户调查数据，对农村内部的收入差距进行了分解分析，使用夏普利值方法的回归分析，但分解分析中只采用了户主信息作为家户信息的代表。研究的结果显示：对于外出劳动户，劳动力所占比重、地区差别、户主年龄、耕地面积、受教育年限依次从高到低影响收入的差距；这与非农村样本或农村混合样本的情况大相径庭，可以发现在农村内部，教育的差异并不明显，其对收入差距的作用亦不显著，反之，家庭劳动力的状况极大影响农村住户的收入（无论是对外出劳动力抑或是非外出劳动力），这很可能说明农村居民的收入来源仍主要依靠体力劳动，农业生产的效率也很低。这其实是农村收入整体偏低的主要原因。王瑜和汪三贵（2011）利用甘肃和内蒙古共计1500个农户的截面数据，对其进行回归分解分析（并且使用了基尼系数、广义熵指数及阿特金森指数做了测算），以考察农户收入差距的具体原因。实证结果发现，当地经济发展的环境对农户收入有较大影响，但与许多研究结论不同的是，其认为家庭的年龄结构、人口结构以及教育水平对收入的影响并不大，这可能是由样本选取的差异所致。朱金霞等（2014）利用中国健康与养老追踪调查数据库对城乡收入差距进行测度和分解。一般而言，测算收入差距是相对常见和直观的，而对收入差距进行分解在以往的研究中也多在地区间或组群间进行，但该研究是采用微观样本内部进行，需要不同的测度框架，这里所进行的收入分解是利用Oaxaca – Blinder的框架来进行的，由于中国健康与养老追踪调查数据库中收集了样本较为丰富的个体信息，诸如收入、健康、消费、财产等重要信息都包含在数据库中，因此可以采用回归方程对收入的组成进行回归分析，利用回归的结果对城乡居民收入差距进行分解。从分解的结果来看，劳动者特征因素（诸如受教育程度、健康状况、婚否等）可以解释城乡收入差距的一半以上，而其中受教育水平具有最高的解释力，这说明造成城乡居民收入差距的很大原因在于城乡居民的教育水平的差距。

综上所述，测度差距程度的相关研究总是与差距的分解相联系，其中差距的分解方法多以"回归方程分解法"为主，这一方法不受差距测度指标的性质影响，而且也不受观测因素的限制，是目前较为理想的分解方法。但是其不足之处在于分解的效果不甚理想，过多的不可解释（识别）部分被归入常数项或残差项中，因此研究者为弥补这一缺陷发展出了"夏普里值"分解方法，从而克服了上述缺陷。

第三节 公共品供给与收入分配的相关文献

一、公共品供给行为

关于公共品供给偏向的研究，尽管文献中有的采用财政支出的比重作为替代的观测变量或观测指标，其表示的理论与实证价值是值得借鉴的。另外，对与公共品供给而言，财政支出是公共品供给的"输入"，实物公共品则可视为公共品供给的"产出"，因此研究财政支出结构的相关文献对本书而言也具有重要的启发性。因此在该部分中，也含有部分涉及财政支出结构的文献以作为补充。

Stigler（1970）提出了公共品供给中的"领导人法则"现象，即政府将会依据社会中最有"发言权"的阶层制定公共品供给以及公共支出分布政策。Aaron 和 McGuire（1970）首次详尽探讨了政府的收支与收入分配之间的理论关联。其中的关键在于消费者（居民）偏好的表现，并用例证法展示了不同偏好结构会如何塑造不同的收入分布。陈抗（2002）较早研究了财政分权对政府行为变化的影响，作者认为中央与地方两级政府对于财政资源的分配机制，通过构建一个央地两级政府的博弈模型，解释了财政分权的制度变迁如何影响政府的公共品供给行为，并采用省级面板数据实证结果，最后发现：中央政府财政资源分成比例越高，地方政府越具有"攫取"地方社会资源的激励，进而阻滞地方经济发展的速度。Li 和 Zhou（2005）从官员控制的视角对中国的经济增长特征进行了解释。作者认为官员晋升的可能性会刺激他们推动经济增长，因而对官员的晋升控制可以引导地方经济快速发展，这是中国政府治理的显著特征。张军等（2007）在探讨我国的基础设施建设的问题时，从"政治经济体制"的框架内解释了为什么政府具有大力供给经济性基础设施的动力。其中，最关键的因素即为"以GDP增长为导向的政绩考核机制"激励着地方政府将更多资源投入到有利于"招商引资"的经济性公共品供给，从而造就了我国基础设施公共品的建设热潮。方红生和张军（2009）将预算软约束、地方政府竞争行为以及分权式政府治理模式放在同一分析框架中。研究认为，扩张偏向的财政政策正是政府治理模式与预算软约束相互作用的结果，并采用政府竞争指标实证了这一观察。傅勇（2010）从财政分权与政府治理的视角解释了地方政府非经济性公共品供给行为的变化。经典的公共经济学文献认为，财政分权的强度有利于促进地方政府更好地为本地居民提供公共品（Tiebout，1956），而我国地方政府在现有财政体制与政府治理模式下更倾向于供给经济性公共品，而忽视供给民生性公共品，同时中央政府由于取得更高比例的财政分享权，就应承担更多向下的转移支付责任，以激励地方政府向本地居民提供民生性公共品。

平新乔和白洁（2006）考察了在财政分权体制下财政激励对地方政府公共品供给以符合当地居民需求的敏感度。研究发现，城市化进程中地方政府一方面加大招商引资的力度，另一方面却忽视了维护城市良性运行的投入，这导致了诸多城市病的发生，使工业化与城市化速度不一致的问题突显出来。李婉（2007）利用省级面板数据实证研究了在以 GDP 增长为导向的政绩考核机制下，地方政府更偏好供给经济性公共品，而反映了居民迫切需求的"科教文卫"公共品供给尤易被忽视，同时行政管理费用却大幅攀升。李涛和周业安（2009）在财政分权背景下探讨地方政府为 GDP 政绩展开支出竞争的问题，并创新地采用空间计量模型实证研究了支出竞争所表现出的"策略性互补"特征，所谓的策略性互补特征，即地方政府尽管更偏好经济性基础设施供给，但为了满足政绩考核要求，地方政府还会加大供给非经济性公共品的力度。研究同时发现，各地方政府在支出总量、基础设施建设投入及行政管理费用上都表现出时间上的路径依赖。陈硕（2010）将财政分权与民生性公共品供给水平联系起来，认为地方政府财政自主权越高越有利于提升地方公共品供给水平，并采用省级面板数据实证了这一结论。

上述研究普遍认为公共品供给的偏向来源于地方政府的经济增长偏好以及不对等的事权与财权造成了地方政府在公共品供给时出现的结构性偏向。但是在实证研究中，并没有很好地克服"经济性公共品供给"与"经济增长"之间的内生性问题，无法识别到底是经济增长促进了"经济性公共品供给"，还是"经济性公共品供给"促进了"经济增长"，换句话说，政府的意愿多大程度上影响了经济性公共品供给还需要更为审慎细致的研究。但是不能否认的是，我国公共品（经济性）供给的模式仍以政府为主导，政府的意愿对于经济性公共品供给规模影响必然十分重要，因此上述研究的观点与结论对于后续的研究具有引领与启示的作用。

二、公共品供给与城乡收入分配的相关文献

从公共品供给视角研究收入分配的问题在近十年中得到了持续的关注。Wu 等（2002）在回顾了以前学者大量实证研究的基础上，认为政府政策对收入分配及福利分布的影响的研究都具有相似的实证结果。税收的转移支付作用对于提高贫困人口的收入及福利水平是具有积极意义的，但是最低工作标准不利于提升居民的福利水平。陆铭和陈钊（2004）提出基于1978~2001年由29个省份组成的省级面板数据估计了带有城市偏向色彩的经济政策以及城市化进程如何影响了我国城乡收入差距。文章关注城市化进程对城乡收入差距的作用，首先，在度量城市化水平上就存在困难，因为在统计上只能使用户籍人口作为城市化度量的指标，但真正生活在城市的人口应多于城镇户籍人口，因此采用户籍人口数据可能会低估真实的城镇化水平；其次，城市化水平事实上与城乡收入差距存在着内生关系，所以文章采用滞后一期的人口出生率作为工具变量进行估计。利用固定效应模型以及工具变量法的估计结果显示：城市化有效缩小了城乡收入差距，并且在工具变量估计中也总体上显著缩小城乡收入差距。并且，对于那些具有偏向城市色彩的经济政策，结论发现：经济的开放程度与政府参与经济的程度扩大了城乡收入差距；基本建设支出与支农支出却有助于缩小城乡收入差距。但是，上述结论是建立在政府支出的结构偏向于城市这一假设之上的，但实证时只使用支出的比重，却没有用支出的城乡比作为控制变量，因此，可能存在着指标设计不当的问题。但对于城市化水平对城乡收入差距的影响，研究肯定了城市化的积极作用。

郭剑雄（2005）以内生增长理论为基础，将人力资本积累与生育率内生于增长模型之中，认为中国的城市与乡村事实上处于两种不同的发展模式之下，农村生育率高但人力资本积累缓慢，而城市则相反。高生育率抵消了农村居民人力资本积累的机会，而城市部门又已经超出了这一阶段，因此造成城乡就业机会的差距，并长期难以解决。因此生育率是牵动城乡人力资本积累差距，进而成为影响城乡收入差距的关键因素。郭剑雄认为，农村人力资本积累有赖于城市就业机会的充分供给，二者的发展应该不能偏废。而这可能暗示着，公共品供给方面应强调有所侧重。张立军和湛泳（2006）首先在理论上分析了金融发展程度对城乡收入差距的三条影响途径，即金融发展对农村居民或住户具有门槛效应；可以有效降低农村居民的贫困；金融发展在全国东中西部地区对城乡收入差距的影响是存在差异的。并利用1978~2004年的省级面板数据进行了实证检验，结果验证了上述三种效应的存在。

陆云航（2006）从要素积累与政府政策的角度考察我国城乡收入差距。由1987~2003年的省级面板数据进行实证研究，研究结果显示，资本与人才向城市集聚以及偏向城市的经济政策会扩大城乡收入差距，而基础教育公平供给则可以显著缩小城乡收入差距，此研究结论与此前大量文献的结果相近。

王韧（2006）主要分析了中国城乡收入差距的影响因素。Kuznets假说认为，在经济发展以及市场化逐步完善的过程中，收入差距会随着经济发展呈现出先扩大后缩小的变动规律。当然这一假说存在着体制与背景的局限性。王韧将经济开放程度、城镇化程度、制度型变量、财政支出结构变量作为影响城乡收入差距的主要因素。实证结论显示，农村家庭联产承包责任制显著改善了农民的收入，国有单位的从业人员人数减少有利于城乡居民收入差距的减小。而与其他研究不同的是，财政支农的力度没有很好地缩小城乡收入差距，这可能是因为财政支出的低效率造成的。Zhang（2006）综合考虑了财政分权与政治集权二者相互作用下中国经济增长与区域差距。将中国的经济区域按初始经济结构分为两大类型，两类区域具有不同的税收结构与财政负担，在以增长为目标的考核机制下，会拉大区域间收入差距。这一角度新颖且富有洞察力，将财税体制的政府治理结构、经济增长、区域差距置于同一框架下进行分析，使中国独特的现象得以解释。

解垩（2007）探讨了农村公共品供给对降低城乡收入差距的作用。通过对1994~2004年省级面板数据进行的实证分析发现，地方政府预算外收入的大小以及农村税负的提高都会促使城乡收入差距扩大，且政府公共支出的结构也会显著影响城乡收入差距。与之前诸多研究不同的是，作者通过实证研究认为，城市化并不能使城乡收入差距缩小，这可能源于该研究的数据或控制变量的选取与之前的相关研究有所不同（陆铭和陈钊，2004）。

程开明和李金昌（2007）采用向量自回归模型（VAR）分析城市化、城市偏向的经济政策（财政支出政策）以及城乡收入差距之间的长期影响关系。研究指出，城市化与城市偏向的经济政策以及城乡收入三者之间可能存在内生关系，这一点作者在互动作用的理论机制中已经予以说明，因此作者采用不区分外生变量的 VAR 模型对 1978~2004 年上述三者全国范围的时序数据进行了分析，研究结论显示，城市化与城市偏向的经济政策造成了城乡收入差距的扩大，但值得注意的是，研究所选取的控制变量较少，抑或说外生因素没有从城市化或城市偏向的经济政策中分离出来，VAR 模型虽然显示正向影响，但也完全可能来自统计指标的表面关系，而忽略了其他因素的影响。尽管这一结论与之前许多学者的研究结论有所区别，但仍为该方向的研究提供了新的视角。

温娇秀（2007）以城乡教育不平等为切入点研究了其对于我国城乡居民收入差距的影响。通过构建内生收入函数模型，逐步推导出可供检验的实证模型，并利用 1997~2005 年的省级面板数据进行实证检验，从实证结果来看，随着教育在城乡间不平等程度的扩大，城乡居民间的收入水平也会随之扩大。这说明教育作为民生性支出的重要组成对于城乡收入差距具有显著的正向影响，因此政府加大农村地区基础教育投入对于优化城乡收入分配结构具有积极的作用。

孙文杰（2008）在比较了城乡居民财政收入负担及财政支出的分配之后，认为农村居民相比公共品分配份额更多地负担了公共支出，因此得到如下政策建议：

首先，促进城乡公共品统筹供给机制；其次，平衡基层（县乡两级）政府的财权与事权；最后，为农村居民切实减负。

王少国（2011）在使用聚类方法系统分析了我国各省区城乡收入差距、

经济发展水平、城市化水平、工业化水平后,将我国各省区的城乡收入差距划分为六类,并对1985~2006年我国各省份的城乡收入差距类型进行了对比分析,认为我国城乡收入差距的类型特点存在差异,应因地制宜采取治理政策。

蔡跃洲(2008)在理论上将我国的发展阶段分为赶超战略阶段、脱贫战略阶段以及和谐社会阶段,在不同的社会发展阶段,财政收支体制对初次收入分配即产生了不同的影响。研究以理论分析为主线,将财政投入看作影响生产要素质量与数量的关键因素,进而将影响国民在国民收入分配中的地位。研究结论认为,目前已经进入和谐社会发展阶段,适时地加强民生支出,有利于人力资本的积累,并改善收入分配的状况。

王艺明和蔡翔(2010)主要针对财政支出结构与城乡收入差距的关系进行了研究。在对各种政府财政支出的作用进行了细致的分析之后,使用1998~2006年的省级面板数据展开实证,实证结论仍认为过于偏向城市的财政支出政策不利于城乡收入差距的改善,并且提出行政管理费用也会扩大城乡收入差距,在对分区域样本进行回归后发现,区域间差异也使财政支出的结构效果之间存在差异,西部具有更明显的城市化倾向,这更不利于城乡收入差距的缩小。

雷根强和蔡翔(2012)在财政支出与城乡收入差距这一问题上,加入了初次分配扭曲因素的影响。并认为,强资本与弱劳动的要素需求格局直接导致了国民收入分配格局对劳动的"轻视",研究使用职工工资的生产总值占比衡量初次分配扭曲程度,实证方法采用面板固定效应以及动态面板模型方法,结果显示:劳动分配扭曲程度越大越不利于城乡收入差距缩小,并发现城乡收入差距其实具有动态效应(或说有一定的路径依赖),而且民生性的财政支出不足也是导致城乡收入差距扩大的重要原因。

孙宁华等(2009)通过构建动态增长模型,从动态均衡的视角解释了在经济增长中城乡收入差距扩大的现象,动态一般均衡的数值模型结果显示:劳动力市场扭曲与城乡两部门效率差异都可以较好解释城乡收入差距。

陈安平和杜金沛（2010）针对我国的财政支出状况与城乡收入的关系进行了研究。样本采用1994~2006年的省级面板数据，但采用了与之前研究所不同的动态面板模型（用系统据估计方法进行估计），结论表明，政府支出中支农比重显著改善了城乡收入差距，这与理论以及前人的研究结论保持一致，但基础设施的建设却使城乡收入差距扩大，而科教文卫支出却可以缩小城乡收入差距。这与陆铭和陈钊（2004）的研究结论有所不同。并且，该研究还加入了财政分权指标，以控制地方政府的行为选择影响。他们认为，加大地方政府的财政自主有利于缩减城乡收入差距。另外，作者还加入了人均财政支出指标，以反映政府的经济干预程度。

曹裕等（2010）应用面板协整模型对1987~2006年的省级面板数据进行了分析。并且研究采用泰尔指数作为城乡收入差距的度量指标（其实是城乡收入差距），还采用农业人口与非农业人口作为人口比重的衡量指标，以GDP的增长率作为增长的衡量指标，并对三者采用了面板协整分析以观察三者在长期的作用关系，结论表明，城市化水平有助于缩减城乡收入差距，这与郭剑雄（2005）及陆铭和陈钊（2004）的研究结论一致。而且，城乡收入差距的缩小有利于经济增长，但是上述两种效应都在不同的区域有不同的结论。

陈斌开等（2010）研究了政府教育公共品供给对城乡收入分配的作用机制。使用CHNS数据库对城乡收入差距进行了Oaxaca-Blinder分解，结果显示出教育水平的差距事实上是影响城乡收入差距的最关键因素，即偏向城市的教育投入造成了城乡收入水平的扩大。同时，作者运用理论模型进行数值模拟，并经参数校准后的结果显示：在城乡教育投入相同的情况下，城乡收入差距将会缩小一半以上。该研究虽然提出了教育差异对收入分配的重要影响，但对二者的关联的内生性问题考虑不足，偏向城市的教育投入具有一定的合理性，简单地要求均等化供给并不是具有可操作性的建议。韩其恒和李俊青

(2011)运用世代交叠模型（OLG）构造了二元经济背景下教育服务均等化、财政支出政策以及资本市场借贷约束对城乡收入差距的综合影响关系。中国的二元经济特征主要是由户籍制度造成的，农业部门与非农业部门技术效率的差异使教育回报在城乡两个部门产生不同的回报率，这就造成了问题的复杂性。作者通过构造数理模型，并采用数值模拟的方法检验了上述变量之间的关系，发现只有向农村部门倾斜教育资源以及信贷优惠政策才能有效减小城乡收入差距。

许海平和王岳龙（2010）侧重于讨论全要素生产率与城乡收入差距之间的关系，这一视角的研究之前更常见于地区间收入差距的研究，而将其与城乡收入差距相结合缺乏充分的理论依据。但是研究方法采用空间计量工具，考虑了地理因素的影响，是非常合理的。研究结果表明：全要素生产率会扩大城乡收入差距，而城市化也在一定限度上拉大了城乡间的收入差距，属于支持城市化扩大城乡收入差距的论点。苏华等（2012）将要素生产率与要素配置两个概念与城乡收入差距联系起来，以城乡居民收入之比反映城乡收入差距，以城乡居民教育消费支出之比衡量城乡全要素生产率，以城乡劳动力比重作为要素配置的衡量指标。实证研究选取 1997~2009 年包括直辖市在内的全国 30 个省份的面板数据，采用固定效应、随即效应模型以及空间计量模型分析了要素生产率与要素配置对城乡收入差距的作用效应，结论显示，加大对农村教育的投入是改善城乡收入差距行之有效的途径，另外提高农民进城务工的参与率，放低入籍门槛也有利于城乡收入差距的缩小。尽管该研究视角新颖，但采用的度量指标含义仍不甚精准，而城乡教育消费比指标虽然是一个指标选取上的创新，但也许存在着内生性的问题。

贾俊雪和宁静（2011）从地方政府财政支出的角度研究了其对居民收入分配的影响。研究以中国居民营养与健康调查数据库（CHNS）为样本，具体考察了地方政府财政支出的规模与结构，并用基尼系数测度了 CHNS 数据库中个人收入的差距程度，对各年度每个省的城镇、农村以及城乡的差距进行了测度，并以此作为被解释变量，对财政支出规模、结构各解释变量进行回归分析，发现经济性支出对收入分配起到不利的作用，而社会支出的影响并不显著。

邓旋（2011）采用我国1995～2009年的省级面板数据分析了政府的财政支出结构与规模对于城乡收入差距的影响。研究的结论表明：政府支出的规模会对城乡收入差距产生正的影响，并且结论十分稳健，即越大的政府经济干预力度越不利于城乡收入差距的缩小；另外，在结构方面，农林水事务支出显然有利于城乡收入差距的缩小，社保支出扩大了城乡收入差距，这与社保支出严重偏向城市户籍居民有关，投资率与工业化速度也都使城乡收入差距拉大。其研究视角与结论与陈安平和杜金沛（2010）的研究比较相像。廖信林（2012）在对以泰尔指数测量的城乡收入差距与城市化的关系进行数理模型推导之后，再使用结构向量自回归模型（SVAR）检验1978～2009年城市化对城乡收入差距的作用，实证发现，城市化及经济增长在一定程度上缩小了城乡收入差距，而偏向城市的经济政策则会扩大城乡收入差距。范晓莉（2012）选取1978～2009年的时间序列数据，构建VAR模型分析了城市化、财政分权与城乡收入差距三者的长期关系。在实证分析之前，对上述三者影响的作用机制做出了梳理，将城市化对城乡收入差距的影响分为长期影响与短期影响，这与实证的VAR模型相对应，但对理论的阐释仍不清晰。实证研究的结论显示，三者长期存在均衡关系，具体来说，在短期城市化与财政分权可以有效缩小城乡收入差距；而在长期城乡收入差距中可能因制度因素而逐步拉大。

李小玉和郭文（2011）分析了产业结构变动与城乡收入差距之间的关系。产业结构的异变引致资源在产业间的转移，从而打破产业发展的既有格局，而资源转移一旦出现滞后，便可能引起收入分配的恶化，造成收入在特定人群间的不合理配置。尤其在我国转型阶段，赶超型发展战略极易引起上述问题的出现。因此，笔者对产业结构、城市化以及城乡收入差距三个变量构建了面板协整模型，样本主要针对1981~2009年中部省份，其中城乡收入差距使用泰尔指数进行测算。实证结果表明，第二产业与第三产业的发展有利于缩小城乡收入差距。但值得注意的是，在理论上这种效应在市场机制健全的国家应是短期作用，但文章并没有针对短期效应给出结论。

黄智淋和赖小琼（2011）将通货膨胀分为实际通货膨胀、预期到的通货膨胀以及未预期到的通货膨胀，研究三者对于城乡收入差距的门槛影响，其中门槛变量设置为金融发展水平。研究所采用的数据为1978~2009年的时间序列数据，并且没有使用其他的控制变量。实证结果显示，实际通货膨胀率在金融发展水平的门槛值之下时，通货膨胀有助于缩小城乡收入差距；但当金融发展水平高于门槛水平时，通货膨胀率却扩大了城乡收入差距。

毛其淋（2011）以理论视角分析了经济开放以及城市化水平对城乡收入差距的影响机理，并在实证研究中使用1995~2008年的省级面板数据，实证方法则采用系统广义矩估计（动态面板），结论表明，城市化可以缩减城乡收入差距，类似于王艺明和蔡翔（2010）的结论，城市化对城乡收入差距的影响也存在地区差异，沿海地区城市化扩大了城乡收入差距，而内陆地区的城市化则可以缩小城乡收入差距。并且，经济开放程度确实可以起到抑制城乡收入差距的作用，这与我们的预期是符合的，因为经济开放引来了增加就业的外资，这非常有利于农村居民收入的提高。

张义博和刘文忻（2012）系统考察了中国城乡收入现状后，首先在理论上提出了利用劳动力流动来阐释城乡收入变化的机制。研究认为，农民工进城务工与城市化是农村人口流动的两个基本模式，而这两种模式其实对城乡收入的作用是不同的，但在这两个相反的作用力下，城乡收入差距变动的结果取决于两种力量的强弱关系，并且作者认为偏向城市的财政支出政策也会扩大城乡收入差距。其次，采用1996~2006年的省级面板数据对上述两个假说进行检验，解释变量为：农村劳动的流动以及财政支出结构；控制变量选取：就业的所有制结构，对农业的金融支持力度，对外开放程度，政府对经济的参与程度，以及时间趋势项。实证结论显示，城市化具有扩大城乡收入差距的影响，作者在解释时认为，以往的文献也许没有控制时间趋势而得到了相反的研究结论；但作者认为可能是由于体制性的障碍阻碍了城市化对城乡收入差距的改善作用，并且应该在财政上积极地侧重于农村的基本公共服务的支持，才能在根本上缩小城乡收入差距。

洪源等（2014）全面系统地考察了民生财政对城乡居民收入差距的影响效应。首先，系统地总结了该主题研究下的文献观点，并详细分析了我国目前在民生财政支出与城乡居民收入差距方面的现状。其次，在实证研究的设计方面，全面考虑了各类计量经济学模型对本问题的适用性，经过筛选采用了动态面板模型以充分考虑该问题的城乡收入差距的自相关特性；采用空间面板模型以充分考虑地区之间的空间相关性；采用面板 VAR 模型以充分考虑民生性财政支出与城乡收入差距之间系统关联的内生性问题。作者分别采用以上三种模型进行回归，三种计量模型的实证结果表明，民生性财政支出具有缩小城乡居民收入差距的作用，而且空间面板模型还显示地区之间的民生性支出对城乡收入差距还有空间外溢性。应该说，这一研究结论更加说明民生财政在优化收入分配方面的积极作用，为政策制定提供了理论基础。

曾广录等（2014）研究了城乡基础设施投入不均等对城乡收入差距的影响。以往的研究多集中在民生性公共品（民生财政投入）对于城乡收入差距的研究，而从基础设施的角度进行专门研究的还较少。作者以生产函数为构造理论分析的基础，将基础设施建设这一变量引入模型，从理论上阐释了城乡基础设施建设水平的差距如何在长期和短期对城乡收入差距产生影响。随后，使用全国 1996~2010 年的数据进行了协整分析，主要是对城乡居民收入差距与政府对城乡基础设施财政投入差距进行协整分析，结论显示，城乡基础设施的建设投入与城乡居民收入差距存在较为显著的正向影响关系。这一研究结论提示我们，不仅是民生性公共品的城乡供给差距会扩大城乡收入差距，而且经济性公共品的供给差距同样会造成这样的影响。

徐超（2015）试图突破在财政支出与收入分配的实证研究中常用的线性关系的假设，通过合理的研究设计，在传统的计量经济模型中加入"民生支出对数的二次项"，以观察民生性财政支出对居民收入差距是否具有倒 U 形关系。首先，该研究从理论上进行建模分析，得出民生性财政支出对于居民收入差距具有倒 U 形关系的结论。随后，对于这一关系使用面板固定效应模型进行实证检验，实证研究的结果表明，民生性财政支出对于居民收入差距的影响的确是倒 U 形的，也就是说民生支出在支出力度较小的阶段会拉大居民收入差距，但随着民生支出投入的不断增强，能促进居民收入差距的缩小。而且，该研究还分别使用了全国东部和西部的子样本进行了稳健型的检验，结果显示全国样本一致，说明这一倒 U 形关系还是较为稳健的。

罗能生和彭郁（2016）使用空间面板计量经济模型实证检验了交通基础设施对城乡收入分配的影响。对于交通基础设施的研究，大多与经济增长的问题联系在一起，但是与收入分配的问题联系在一起使其研究的复杂性大大增加，因为交通基础一定会涉及人的流动以及地区之间的相互影响，因此，需要使用合理的计量经济学模型加以解决，而空间计量模型是一个较好的选择。在该研究中，使用了 1990~2013 年全国省级面板数据与空间面板计量经济模型，在充分考虑空间相关效应的基础上进行回归分析，研究结论表明：交通基础设施的建设是有利于缩小城乡收入差距的，但影响的效应不是线性的，而是随着时间的推移影响的效应会逐渐减小。

吕承超（2017）实证分析了我国社会保障支出对城乡收入差距的作用。社会保障作为重要的民生性公共品对优化城乡居民收入分配有着重要的意义，该研究首先扩展了内生增长模型，将社会保障支出视为一种重要的公共资本投入,通过求解最优化条件将社会保障变量与收入分配指标(泰尔指数测算)联系起来,得到理论命题。其次,基于1997～2014年全国31个省级面板数据,采用动态面板模型对社会保障的收入分配效应进行实证检验。实证的结果显示:社会保障支出对城乡居民收入差距的影响是呈非线性的关系,这种非线性关系呈现除了U形关系,也就是说随着社会保障支出的增加,城乡居民收入差距会先变小再变大。并且,通过分地区的讨论发现,不同地区之间社会保障支出对城乡居民收入差距的影响模型是不一致的。

王亚柯和程玉(2018)系统地分析和回顾了我国社会保障制度对收入分配的再分配效应的相关文献和研究成果。因为社会保障体系是一个涵盖范围很广的概念,很难使用统一的框架进行再分配效应的分析,所以作者从社会保障的综合收入再分配效应、养老保险的收入再分配效应、医疗服务的收入再分配效应,以及其他社会保障的收入再分配效应四个方面进行文献的梳理和评述。作者总结了社会保障制度的收入再分配效应研究的各种维度:一是从短期来看,当期的社保缴费可以产生收入的再分配效应;二是从长期来看,社会保障对于居民的收入影响也会产生收入的再分配效应。由此可见,社会保障制度对于收入分配影响的研究还有很大的可拓展空间,多学科多领域的交叉研究是该问题在未来很好的研究发展方向。

李丹和裴育(2019)全面综合地分析了城乡公共服务差距对于城乡居民收入差距的影响。作者以部分主要的公共服务为重点研究对象(例如教育服务、医疗卫生服务以及社会保障服务等),系统地从理论和实证两个方面阐释了城乡公共服务差距对于城乡居民收入差距的关系。首先在理论上,作者从基础教育、卫生医疗、社会保障、基础设施四个方面厘清了城乡公共服务的供给对于城乡居民收入差距之间的影响机理。其次在实证方面,利用基尼系数的计算方法估算了城乡居民的收入差距,并且进一步测度了城乡基本公共服务差距,利用测算的城乡各项差距作为变量进行实证分析,实证结果发现教育、医疗、社会保障存在的城乡差距对城乡居民的收入差距有正向的影响，而农村的基础设施建设则有利于缩小城乡收入差距。

通过对以往文献的系统回顾可以发现，学者对各类公共品供给对城乡居民收入差距影响的实证研究成果丰富，研究结论普遍认为民生性公共品供给有利于城乡收入差距的缩小，尤其是对于教育、医疗、社会保障等与个人人力资本积累高度相关的民生性公共品，实证研究也验证了它们对于城乡居民收入差距具有改善的作用；而对于基础设施类的公共品，研究结论也显示其具有提高农村居民收入，从而改善城乡收入差距的作用。并且也有学者从公共品供给城乡不均等的视角进行研究，尽管大量研究强调了"偏向于城市的公共品供给策略"对于城乡收入差距的不利影响，但仍有几个问题值得深入思考：其一，在2004年农村税费改革后，农村居民税收负担明显减小，但城乡收入差距并没有出现缩小的趋势。其二，偏向城市的公共品供给或公共支出是否会造成城乡收入差距扩大。例如，基础设施建设应当有利于城乡劳动的流动，进而促进农村居民收入上升，但它对于城市居民的收入促进的幅度又是如何？因此，细致探讨具体类型的公共品供给的城市倾向的收入分配效应才更具有针对性。但是在这类研究中，由于城乡偏向的影响机制较为明显，相对缺乏理论建模研究，而实证研究中，又容易因为多重共线性问题造成估计结果的偏误。另外，此类研究中也较多采用财政支出作为公共品供给的替代概念，如前所述这样的替代具有一定的合理性，但是可能因统计资料口径调整，财政支出在各省的统计中不尽相同，而且某一种支出水平也不能完全反映公共品供给的现状，因为其中存在供给效率的损失。

与此同时，几乎所有的研究都认为偏向城市的经济政策不利于城乡收入差距的缩小，这一点是显而易见的，但是在城市化的背景下，农村居民入城务工的大潮（在中国每一个地区都存在这样的趋势）也同样会得益于这种偏向政策，但城乡收入差距扩大的事实无疑说明了城市居民的收入上升幅度要大于农村居民收入上升幅度。研究者更多地将注意力放在农村劳动力入城后的种种不公正待遇，例如被讨论最多的户籍歧视问题。但在研究中却较少强调城乡居民在人力资本积累时就已经受到了"公共服务供给"差距待遇，进而造成城乡劳动力技能水平的差异，这或许是城乡居民收入水平差距的最关键因素。而对于公共品供给的结构问题，理论机理并不那么明显，容易被研究者忽略，但如果将这一机制与经济增长相联系，即可构造经济增长与（城乡）收入分配之间一个重要的关联，也即解释了为什么经济增长没有有效改善收入分配这一问题。

第四节　城市化与收入分配相关文献

从现有国内外的研究来看，大多数针对城市化问题的研究都将注意力放在城市化对于经济增长的作用效果上。一方面，城市化所带来的要素集聚与产业集聚带来了规模效应，是企业与政府能够以较低的社会经济成本供给更多的产出与社会服务；另一方面，城市化所形成的集聚效应有利于需求结构的升级，人力与智力资源的富集之后容易形成相互交流、互相促进的学习效应，在供给与需求两个层面上均可有效突破制约我国经济增长方式转变的瓶颈。

万广华和朱翠萍（2010）对"城市化战略研究"的相关文献进行了综述。目前对于我国城市化问题的研究还相对缺乏，尤以实证研究为甚，而已有的大部分相关文献仅在理论层面探讨城市化发展路径以及城市化与工业化的关系。对于城市化问题的研究，作者认为除了城市化进程中消除不合理的户籍制度、消除制度上的城乡分割之外，更应对城乡居民在教育、医疗、住房、就业等方面实施均等化供给。此外，需要城市管理者制定相应推动农村居民融入城市生活、转变为城市居民的政策措施,并构建相应的财税制度。陆铭等(2011)也对城市化问题的相关文献进行了述评。城市化所形成的集聚效应与扩散效应有利于经济增长与收入平等化,这一点已经达成了共识。但是,显示数据却与理论假设相悖,作者认为城乡分割政策阻碍了要素自由流动(城乡间与地区间),这才是伴随城市化进程所产生的收入差距扩大现象的真正原因。而城乡分割问题的核心在于城市非户籍人口无法享受到与城市户籍人口相同的公共服务,社会保障体系与保障性住房由本地财政支持,因而各地方政府缺乏向非户籍人口提供均等化公共服务的动力。王国刚(2010)认为,城镇化是我国经济发展方式转变的重要途径。因为城镇化有利于解决当下居民需求度最高的"住房""出行"与"教育"问题,这些均为拉动消费的重要需求,城镇化可以通过扩大城市人口规模以及发展现代服务业来提升城市公共服务供给水平,从而实现内需增长的目标,进而为转变经济增长方式提供动力。同时,创新城市公共服务供给机制,多渠道吸引社会资金投入到公共品供给中,能有效地为地方政府普遍财力不足的现状提供解决办法。

当然,城市化的大方向已经在学术界内达成共识。但是,在城市化具体实施的策略上却存在较多的争议,如以何种模式或何种路径推进城市化进程;城市化进程中会出现哪些问题;在推进的过程中又应如何处理好具体的制度建设问题与政府职能转变问题等,这都是目前城市化研究所关注的热点问题。

具体到"中国城市化"问题研究,曾引起最多争论的便是中国城市化模式的选择问题。官锡强(2007)认为,人口过快地向大城市集聚,会给原本就财力不足的地方政府带来更大的财政压力,加之目前的就业形势也难以迅速消化过多的农村剩余劳动力,盲目扩张大城市极易引发在许多后发国家出现诸多城市病或城市贫民窟等问题。因此,城市发展模式应首先选择大力发展中小城市(镇),它既可以缓冲大城市的人口压力,也可以为劳动技能水平低下的农村劳动者适应现代城市产业提供时间和空间。

另外，城市化的目的不能简单地理解为发展城市经济，而应在城市化进程中充分发展农村现代化，小城镇的发展不仅有利于农村经济社会全面现代化，还可以增强城镇经济发展对周边农村经济的辐射和带动作用。

与此同时也有相反的观点认为，小城镇优先发展的城市化策略无法充分发挥集聚效应，难以有效解决目前迫在眉睫的经济发展方式转型问题。王小鲁（2010）提出应大力推进城市化进程，因为目前我国城市化程度低，大城市与小城市的发展应保持协调互补的关系，并且可以侧重发展大城市，在我国东、中、西部分别发展具有代表性的大城市，以防止地区发展的不平衡。由国际经验的实证研究可知，以"100万人口以上城市数量"作为一国城市化水平的衡量指标最为适宜，当然与此同时不应忽略大、小城市之间以及大城市之间协同效应，发挥这一协同效应更主要的还应依靠市场机制的调节，政府则应以提高公共基础设施以及公共服务的供给效率为主要目标。杨波等（2006）实证研究了大城市的集聚效应对经济增长的影响，结果显示，城市规模与人均产值呈正向变动关系。傅十和和洪俊杰（2008）也利用制造业企业数据，实证研究了企业规模与城市规模之间的关系，结论认为大城市或特大城市中跨行业的集聚经济效益十分明显，由此可见大城市或特大城市的溢出效应具有小城市无法比拟的优势。当然，以上两种观点都有各自的局限性，对发达国家城市化历程的经验研究表明，自然的城市化路径存在着"先集聚后分散"的特征，然而具体选择城市化模式加以推广可能会犯"本末倒置"的错误，比照他人的结果进行干预与规划，可能只能是事倍功半的效果。相反地，完善自身的制度建设，大力推进市场化改革，让城市"自然生长"可能是更好的策略。

对于我国城市化进程所面临的诸多问题，目前学术界也颇为关注。根据国际研究的经验表明，城市化有助于缩小城乡收入差距，Verner（2005）通过研究墨西哥的城市化进程，认为城市化可以有效地减贫、改善收入分配，并且促进经济增长。Henderson（2007）的研究表明，韩国、中国台湾、斯里兰卡等国家和地区都在20世纪90年代中期达到了较低的城乡收入差距水平。Vazquez等（2009）分析了城市化对贫困水平的影响。在构建理论模型的基础上，得到在城市化水平与贫困水平之间呈U形关系的结论，即在城市化初期，贫困水平会随着城市化进程而下降，但城市化水平的继续上升，又会引发诸多城市病，从而使贫困水平上升。进一步地，作者采用跨国面板数据实证检验了这一结论。尽管贫困水平不等同于收入分配，但研究的结论还是相当具有启发性的。王子敏（2011）就城市化与城乡收入的关系进行了研究。作者采用空间滞后模型（考虑个体固定效应）估计了2000～2008年全国30个省级单位的城市化与城乡收入差距之间的关系。采用空间计量模型显然更能补充传统省级面板模型因没有考虑个体空间相关性而带来的估计偏误。研究结论表明，考虑了空间自相关的模型更倾向于认为城市化会扩大城乡收入差距。但与其他模型存在同样的问题是，该研究加入了较少的控制变量，也有可能将其他因素混入城市化变量中。Elhorst（2010）针对空间计量经济学的最新发展做了综述性的总结，较为清晰地勾勒了空间计量经济学的基本分析框架，较完备地将新近发展的空间计量模型置于一个统一的构架中。丁志国等（2011）应用空间计量分析方法实证研究了我国城市化进程对城乡收入差距的影响。研究选用空间滞后模型与空间误差模型，被解释变量为城乡收入差距，解释变量为城市化水平，控制变量依次为：城市从业人员比例，城镇固定资产投资比例，第二、三产业发展程度，以及地区生产总值增速。研究结果显示，城市化的进程对城乡收入差距的影响具有双向影响，增加第二、三产业的比重有利于缩小城乡收入差距；而盲目增加城镇固定资产投资则容易引起城乡收入差距的进一步扩大。因此，城市化路径选择的不同显著影响着城乡收入差距的变动方向。

上述结论具有一定的创新性，但没有完全分离出不同城市化路径的纯粹影响，不同城市化路径的描述指标具有内在的关联。吴强和彭方平（2007）利用面板门槛模型对中国经济增长的收敛性进行了研究，结论表明，各省份的经济增长的收敛速度受到人均收入的门槛变量影响。在低收入状态时，人均收入的门槛效应并不明显；在中等收入状态与高收入状态时，明显呈现出经济增长的收敛速度在高收入时大于中等收入时。这也在一定程度上解释了中国地区间收入差距扩大的事实。江一涛（2010）针对城乡收入差距的收敛性及非线性这一主题进行了研究。研究的理论部分借鉴了 Barro 和 Sala-i-Martin（1992）与 Evans 和 Karras（1996）研究经济增长收敛的两个经典模型用以构建实证模型。接下来采用动态面板模型实证检验我国城乡收入差距的收敛性；进而采用面板门槛模型检验了城乡收入差距收敛的非线性。结论显示，城乡收入差距在扩大中逐步收敛，而且其收敛具有非线性。郭军华（2009）针对 1987~2007 年的省际面板数据，构建了城市化对城乡收入差距的面板门槛模型。研究结论发现，城市化对于城乡收入差距的影响具有门槛效应，而这里门槛变量被设为"城乡收入差距"本身，此时当城乡收入差距比较小时，城市化进程有助于缩小城乡收入差距，但趟若城乡收入差距较大时，城市化反而会扩大城乡收入差距。吕炜和许宏伟（2015）讨论了土地财政对于我国城乡居民收入差距的影响关系。在我国，城市化问题往往都会涉及土地财政的问题，土地财政为城市化提供了充足的资金，但反过来土地财政又会极大影响地方政府的行为。作者充分考虑到了这一问题，故将土地财政、城市偏向的经济政策与之关联起来，利用面板向量自回归模型实证检验土地财政是如何影响居民城乡收入差距的，实证结果表明：某地区土地出让的金额和面积都会扩大该地区的居民城乡收入差距，这种影响在短期内具有较强的效力。而且，从分区域之间的回归结果来看，不同地区之间的影响效力并不相同，土地出让在中部地区对居民城乡收入差距具有较大的影响。该研究将土地财政这一城市化背后的驱动因素纳入实证研究，增进我们对这一问题的理解。宋建和王静（2018）从城乡收入差距的收敛问题展开研究，利用 2000~2016 年 262 个地级市的数据作为样本，研究发现各样本城市的城乡收入差距的收敛存在绝对收敛和条件收敛,作者将城市划分为中小城市、大城市、特大城市,不同规模的城市在这两种不同的收敛方式上有不同的表现:大城市相较于特大城市和中小城市而言具有更快的城乡收入差距绝对收敛速度;而中小城市相较于大城市和特大城市具有更快的城乡收入差距条件收敛速度。作者对于这样的结论进行了详尽的探讨,其中具有关键作用的就是各城市之间不同的户籍政策,户籍政策是影响人口城市化的关键因素,而人口城市化在该研究中也被发现具有较好的缩小城乡收入差距的作用,因此,深化户籍制度改革是优化收入分配结构的重要举措,对于我国经济社会可持续发展也具有重要意义。

城市化的本质是人口的城市化。我国的城市化不能绕开的一个主题是城乡人口的流动,对于这一问题,学术界也展开了广泛的讨论。Zhang 和 Song(2003)考察了城市化背景下的城乡人口流动与就业问题。通过对 1978~1999 年的时间序列数据及截面数据的分析,可以得到如下结论:城乡人口流动大大增加了城市人口,但引起城乡人口流动加剧的关键因素在于城乡收入差距的扩大。这一点在此前许多国内文献中被忽视了,在实证中为其寻找合适的工具变量是一个关键问题。韦伟和傅勇(2004)通过比较刘易斯模型与托达罗模型两个经典人口流动模型,解释为何大规模人口流动却没有明显缩小城乡收入差距。其中关键在于改革进程中城乡间体制性的差别且有自我强化机制,而掌握了行政资源的城市部门缺乏改变现状的足够激励,因而无法在人口流动过程中改善城乡收入分配。钟笑寒(2006)通过构建一个配对分工合作模型,分析了在劳动力城乡流动过程中城乡工人工资差异现象。首先,理论模型肯定了"农民进城"所产生的分工合作有利于提高总体生产率水平;其次,劳动力技能差异在解释工资差异时具有决定性作用,是模型分析的起点和基础;最后,除上述两点外,技能差异还会引起城乡就业人口在"职位"上的差别,这一点在此前的研究是鲜有涉及的,这种"二元劳动市场"事实上为就业歧视创造了条件。因此由研究结论可以引申出：缩小城乡工资差距的关键途径在于消除劳动力技能水平的差别。蔡昉和王美艳（2009）回顾了我国关于劳动力流动政策改革的变迁，并利用2005年人口抽样调查数据重新计算了城乡收入差距。研究发现，因为现存的统计方法不能完全覆盖常住城市的农村务工人口，因此计算的城乡收入差距数值可能偏大，因而劳动力流动规模的扩大并没有造成城乡收入差距的扩大。由此意味着劳动力市场在初次分配方面的矛盾似乎并不突出，而人口城市化必然会实现城乡收入差距的缩小。由这一结论可以引申出城市化过程中政府的职责更应是构建公平的制度环境。沈坤荣和余吉祥（2011）从农村到城市的劳动力流动这一视角出发，研究这一流动将对城镇居民的收入产生怎样的影响。在这方面的研究结论有所分歧，因此作者首先将其中的理论机理阐释清楚，进而使用系统矩估计方法估计动态面板模型，实证结论表明，农村流向城市的移民对城镇居民的收入产生了正向的影响，但是其影响的程度会与市场化程度以及劳动力市场分割程度密切相关。换句话说，只有在市场化程度较高的地区，农村劳动力的流动才能促进城镇居民收入的上升，反之，则会使城镇居民收入减少。

同时，也有学者认为我国城市化进程中出现的诸多问题可能与城市化进程的滞后有关，尤其是滞后于工业化发展的速度。这样的判断来自以下现象：中国的城市化水平年均仅增长4%，而其他后发国家在经济高速增长时期人口城市化速度明显快于中国，而且发达国家的城市化水平也远高于目前中国的情况。反观我国的工业化进程，并没有如经典经济学理论所预期的那样，形成省级的动力或带动服务业发展。研究者普遍认为造成这一困境的主要原因在于户籍制度的存在。汪立鑫等（2010）为我国城市户籍政策的存在提供了一个理论解释，地方政府通过权衡经济增长绩效与民生保障两方面的社会效益后，得到不同的户籍政策倾向。小城市的户籍门槛会因较低的公共服务水平而逐步降低；相反地，大城市的户籍门槛会因较高的公共福利水平而逐渐提高。因此，要将改变政府的官员考核机制从增长导向转变为民生导向，促进中小城市发展，提升公共服务供给水平和供给效率应成为未来政策的着力点。户籍制度的存在使产业升级与服务业发展所需的高素质劳动力不能得到满足，因此，入城劳动者的就业状况不甚理想，从而引发诸多社会问题。

我国城市化进程中存在的另一个重要问题是对农村入城劳动者的歧视性待遇，在户籍壁垒存在的情况下，城市中农村移民无法获得与城镇居民同等水平的社会公共服务，如社保、医疗、教育等。这使得在入城前公共服务城乡供给偏向无法得到弥补，也无法实现农村居民向城市居民的真正转变（Demurger 等，2008）。这是与城市化的本质要求相悖的。郭亮和陈乐一（2015）考察了财政分权对城乡居民收入差距与地区房价的影响，从理论上分析财政分权对房价与城乡收入差距的关联：由于财政分权的体制因素，中央政府与地方政府在财权与事权方面的关系使地方政府在发展经济、提升房价上更具有积极性，而同时效率导向型的经济发展政策又容易使政府在提供各类公共产品时更偏向城市地区，这可能会导致城乡居民的收入差距扩大。他们使用1999~2012年全国的省级面板数据对这一推断进行了实证检验。从检验的结果来看，财政分权的程度会促进地区房价的上涨，同时财政分权的程度也会扩大城乡收入的差距；并且进一步通过针对我国东、中、西部地区的实证分析发现，不同区域财政分权对于房价和城乡收入差距的影响效力是不同的，具体而言，东部地区的财政分权对房价影响更大，并且东部地区的财政分权程度对城乡收入差距的影响也越大。张鹏和于伟（2015）基于公共品在城乡地区分布的问题考察我国各省级行政区之间城乡人力资本水平的差距。经过使用2004~2012年省级面板数据以及空间计量经济学工具进行实证分析发现，人口向城市流动与产业结构的升级都直接扩大了城乡人力资本的差距，而有些因素，例如区域创新水平会产生明显的溢出效应，也就是说某地区域创新水平对于邻近地区的城乡人力资本差距会产生影响，并且影响是负效应的，即会缩小临近地区的城乡人力资本差距，以上实证研究的结论揭示了城市化与公共品供给（例如，教育、医疗）之间有趣的空间特征，而且城乡人力资本水平差距也与城乡收入差距有着密切的关系，研究结论对于理解城市化进程中的城乡收入差距演变具有很好的启发。

综合以上研究的结论可以得出以下结论：

第一，城市化是转变经济增长方式、改善社会收入公平、建设和谐社会的重要抓手。而现在出现的各种"城市病"并不能成为否认城市化的理由。

第二，政府在城市化进程中应起到科学合理的规划与指导作用，可以说改革不合理的户籍管理体系是城市化稳步推进的必要条件，同时也不能忽视更公平地在城乡间分配公共资源，在城市内部实现无歧视的社会服务公平供给，只要是为城市建设出力的纳税的合法劳动者，都应当得到无差异的基本公共服务。

第三，城市化是一个系统工程，城市经济的发展不能以损害农村经济为前提，二者相互依托、相互促进才是城市化战略的终极目标。在此过程中，农村政策的完善是至关重要的，尤其是农村土地制度的改革已经广为学界与社会所呼吁。进入城市的农民视土地为生活保障的底线，如果不能正确处理城市化与农村土地征用之间的关系，则会导致城市郊区的失地农民彻底失去保障，若又无法进入城市保障体系，则会沦为城市贫民，从而引发更多的社会问题。

第四，鉴于"城市化问题"的复杂性，城市化发展的最优规律在各种制度背景和文化背景下都可能得到不同的结论。事实上，中国的城市化道路也难有现成的模式可循，在这一艰巨而复杂的过程中，规划与指令都不能完全替代市场的作用，要充分信任市场的自发调节能力，城市化的规模、速度、模式都应顺其自然。

第五节 公共品的受益归宿分析

近年来，随着收入分配问题逐渐受到社会的关注，学术界对于该问题研究的视角逐渐从宏观转向微观，越来越多的学者希望尝试新的微观数据集和新的工具与方法。其中应用较为广泛的就是公共支出的受益归宿分析方法，该方法具有很好的可扩展性，对于公共品、财政支出、收入分配等问题都有可以适用的研究领域。我国学者也是在最近一二十年开始使用该方法开展研究的，研究主要集中在教育公共服务、医疗卫生公共服务、社会保障、财政转移支付等领域，并已经得到了丰硕的研究成果。赵为民和蒋长流（2018）系统地回顾并评述了公共支出的受益归宿的相关研究文献。国外经济学界对此类问题的研究起步较早，Meerman和Selowsky（1979）就提出了公共支出受益量化的成本法，这一方法的基本思路较易理解，事实上就是测算直接花费在受益者身上的公共支出的金额，也就是公共部门花费在个体身上的公共支出成本，以此作为个体从公共支出受益的度量，这也是该方法被称为成本法的原因。应该说这一方法影响深远，直到现在这一方法仍被学者广泛使用，但是该方法也存在较多的缺陷，因此学者也一直在试图改进该方法，从而主观评价法、边际受益分析法逐渐被采用。也有学者从其他角度试图创新评价方法，例如宏观—微观连接模型可能是一个较为具有拓展前景的方法。作为一个越来越受到关注的领域，可以预见到公共支出的受益归宿分析将更多地与公共品供给以及收入分配问题联系在一起，这一领域方法与工具的发展将对拓展其他领域的研究具有重要的意义。

在教育公共服务受益归宿问题上。蒋洪等（2002）在国内较早地引入了公共品受益归宿分析的概念，研究了我国公共高等教育的受益归宿并分析归宿格局形成的原因。通过分析 2001 年上海财经大学公共政策研究中心对在校大学生发起的家庭情况抽样调查数据，研究有几点发现：第一，高收入阶层家庭较低收入家庭更有机会享受到高等教育服务，也就是说，高等教育并没有展现出"亲贫性"；第二，获得高等教育收益的还是主要集中在非农村地区的高收入家庭；第三，从不同地区来看，东部地区以相对低比例的人口享受到了更高比例的高等教育机会，而中部地区享受的高等教育的机会相对更低，甚至低于经济发展水平更低的西部地区。而形成这样受益格局的主要原因在于教育资源配置不均匀、高考在各省的招生制度不同、高考的加分政策不一致。这一研究在国内较早从微观的视角来分析公共品的受益分布的问题，为该领域相关问题的研究提供了可借鉴的思路。汪崇金和许建标（2012）利用"服务成本法"对我国公共教育支出的受益归宿进行了分析，选取的样本来自 2004 年、2006 年、2009 年中国家庭营养与健康数据库（CHNS）中的家庭样本，该数据库中包含了较为详尽的微观个体（家庭或个人）的信息，较有利于开展公共服务供给的微观受益分析。研究的结果显示：低收入家庭确实能从公共教育服务中获益，公共教育支出确实能够起到改善收入分配格局的潜在作用，但是研究也发现，公共教育支出在不同地区之间差异较为明显，尽管公共教育支出使低收入家庭受益，但是由于基本公共服务地区间差距明显，导致这种受益的程度还是不能弥补地区间差异带来的真实差距，因此基本公共服务（教育支出）在地区间的均等化还是需要持续推进的。秦美萍和孙俊华（2017）对江苏省三大区域（苏南、苏中、苏北）在 2009～2013 年中等职业教育的受益归宿进行了分析，他们采用了传统的 BIA（成本收益归宿法）的思想设计研究了该问题，通过两个指数 EPI 与 ESI 进行地区间受益归宿的测度，其中，EPI 代表的是某地区人均从中等职业教育支出中获益的程度，具体算法是用该地区中等职业教育支出占全省比重除以该地区人口占全省人口比重，二者之比事实上就度量了该地区从中等职业教育支出中的获益程度与全省获益的平均水平的比值，是衡量一个地区相对总体获益的一个指标。ESI 代表某地区每位学生在中等职业教育中的获益程度，具体算法就是采用该地区中等职业教育支出占全省比重除以该地区中等职业在校学生占全省中等职业在校学生比重。当然，如果希望客观地表示出某地区真正的受益程度，需要将 EPI 除以 ESI，若这一比值等于 1，则代表该地区从中等职业教育支出中受益的程度与全省平均水平一致，该数值越大，则代表该区域获得的受益程度越强，反之则代表该地区受益程度越弱。研究发现，江苏省各地区之间中等职业教育支出的受益差距在逐年减小。王杰茹和岳军（2017）研究了我国高等教育的受益归宿问题。应该说这一研究主题与社会公平高度相关，因为高等教育是提高人口素质、调节收入分配的重要手段，高等教育的受益归宿的分析也是教育与收入公平研究主题的重要基础。该研究以地区间高等教育分布的不平衡为着眼点，测算全国 31 个省级行政区划单位 2009~2014 年在高等教育领域支出上的泰尔指数，并且将测算的泰尔指数进行分解。研究的结论表明：将全国 31 个省份分为东部、中部和西部，从分解的结果看，受益归宿的不平等无论在东部、中部还是西部都呈现出组间差异较小，而组内差异较大的特征。并且结论还指出，经济是否发达并不是决定高等教育服务受益程度的最关键因素，而是地方政府财政投入的力度才是较为重要的因素。

在医疗卫生公共服务受益归宿问题上。李永友和郑春荣（2016）较早研究了我国公共医疗服务的受益归宿问题。研究首先系统地介绍了公共医疗服务受益识别方法，并总结了我国公共医疗服务的受益特点，其次利用 CFPS 数据库中居民住院医疗服务的数据估计公共医疗服务的受益归宿，最后总结公共医疗服务受益的收入分配效应。研究结论显示："新医改"（国务院关于深化医药卫生体制改革的意见）能够有效地增进医疗公共服务的供给，并且随着医疗保险覆盖面的增大，也能有效地减轻居民的医疗服务负担。尤其是对于低收入群体，医疗公共服务在新医改后使低收入群体的受益程度增强，而且"新医改"在一定程度上也使家庭间的收入分配状况得到改善。但是，研究还发现，"新医改"虽然在一定程度上减轻了"看病难"的问题，但没有明显缓解"看病贵"的问题，过度医疗的问题仍然使看病的负担较重，尤其是低收入群体，仍承担着比较重的医疗负担。这一研究在国内较早采用受益归宿分析方法分析公共医疗服务，较之传统的计量经济学方法，受益归宿分析能够更充分地利用微观个体的信息，从而准确推断公共服务的受益归宿，并与收入分配的主题相联系，具有很好的可扩展性。卢洪友和刘丹（2016）针对我国新型农村合作医疗服务的受益归宿进行了研究。不同于传统的实证研究设计，该研究采用了边际受益归宿分析方法，基于2007~2011年中国244个地级市的面板数据，对新型农村合作医疗服务作用的不同群体按照人均地区生产总值进行划分，采用似不相关回归模型进行实证分析，并结合边际受益分析技术计算不同群体的新农合边际受益率。研究的结论发现：贫困地区相较富裕地区来说，对于新型农村合作医疗服务具有更高的受益水平。这一结论进一步表明，我国新型农村合作医疗服务是一项真正"亲贫"的政策，这对于贫困地区脱贫与优化居民收入分配具有重要的意义。李永友（2017）研究了我国在2009年"新医改"之后医疗公共服务的受益归宿问题。他通过改进传统的公共品受益归宿分析的BIA框架，还用补偿变化法识别公共医疗卫生的支出对不同收入群体的边际受益归宿。同时，该研究使用了较为成熟的微观数据库——CFPS入户调查数据库，通过观察微观个体在就医选择（该文献中主要采用的门诊服务数据）上的不同行为，进而识别公共服务的受益主体以及公共服务负担的承担主体。研究结论发现："新医改"后医疗公共服务的财政支出力度加大，主要的受益对象是低收入群体，但是因此产生的医疗服务成本也主要是由低收入群体承担。这一研究从微观的视角研究公共服务对于收入分配的影响（因为个体的收入获得的能力与个体人力资本积累密切相关），揭示了公共服务影响经济个体的细节，是十分具有理论和应用研究的领域。

在社会保障受益归宿问题上。蔡萌和岳希明（2018）基于中国家庭收入调差数据库（CHIPS）研究了我国的社会保障支出对于居民收入分配的影响。首先，系统梳理了我国社会保障支出的具体范围，并对我国的社会保障支出的变化过程在时间维度上进行了整理和展示，厘清了我国社会保障支出的统计范围和统计口径。其次，采用 MT 指数分解方法与 P 指数具体测算了我国社会保障支出的累进性（累退性），这也是反映社会保障支出受益归宿的一个重要指标，累进性代表受益更倾向于高收入群体，而累退性代表受益则更倾向于低收入群体。从测度的结果来看，我国的社会保障支出总体上还是能够起到优化居民收入分配的功能的，但总体的社保支出水平还比较低，需要政府持续加大投入，才能保证社会保障支出应有的财政功能。

在财政转移支付受益归宿问题上。卢洪友和陈思霞（2012）较早地采用边际受益归宿分析的框架对财政转移支付的资金受益情况进行分析。通过采用 2003～2007 年全国县级财政转移支付资金的数据实证分析了县级的转移支付资金的受益归宿，实证结果显示：一般性的转移支付与专项转移支付的受益对象都是贫困地区，这与转移支付设计的初衷是相吻合的，而且这也提示政策制定部门可以加强一般性转移支付的力度，从而可以更好地使贫困地区受益。这一研究表明，受益归宿分析是一个具有广泛应用性的工具和方法。卢洪友和杜亦譞（2019）系统地分析了中国财政再分配政策的减贫效应。对于财政综合再分配政策与收入分配的关系是一个之前较少涉及的视角，其综合性较强，对测度方法的要求比较高。先采用财政支出的归宿识别方法测度各项支出的归宿，之后采用居民收入核算账户用以测算居民在财政再分配受益后的收入变动情况，最后可以整体测算在再分配前后居民收入分配状况的总体变化情况，以此评估财政再分配政策总体效果。我国的财政再分配各项政策工具包括转移支付、税收、社会保险、公共服务等，这些政策都可以产生收入再分配的效果，从研究的结论来看，各类财政再分配的政策工具总体上会使居民收入分配（基尼系数）得到一定程度的改善，而且也都（除间接税外）具有较好的减贫作用，其减贫的效果要好于对于收入分配的优化的效果。

本章小结

对于收入分配与城乡收入分配问题，学界进行了广泛而深入的探讨（李实、赵人伟，2002；蔡昉，2003；王洪亮、徐翔，2006；李实，2011；蔡萌、岳希明，2016）。我国收入分配的主要矛盾集中体现在城乡收入差距上，该问题既有历史的原因，也有发展战略选择的原因，重工轻农、重城市而轻农村战略取向本是中华人民共和国成立初期快速工业化所需要的，但是体制改革的滞后使这一倾向始终没有得到根本的扭转，可以称之为城乡收入差距的制度原因（林毅夫，2002）。

许多学者从财政支出的角度探讨其对城乡收入差距的影响，雷根强和蔡翔（2012）在财政支出与城乡收入差距这一问题上，加入了初次分配扭曲因素的影响。结果显示：劳动分配扭曲程度越大越不利于城乡收入差距缩小，并发现城乡收入差距其实具有动态效应，或者说有一定的路径依赖，而且民生性的财政支出不足也是导致城乡收入差距扩大的重要原因。程开明和李金昌（2007）采用向量自回归模型（VAR）对于城市化、城市偏向的经济政策（财政支出政策）以及城乡收入差距之间的长期影响关系。研究结论显示：城市化与城市偏向的经济政策造成了城乡收入差距的扩大。贾俊雪和宁静（2011）从地方政府财政支出的角度研究了其对居民收入分配的影响。研究以中国居民营养与健康调查数据库（CHNS）为样本，具体考察了地方政府的财政支出的规模与结构，并用基尼系数作为被解释变量与财政支出规模与结构各解释变量进行回归，发现经济性支出对于收入分配起到不利的作用，而社会支出的影响并不显著。在上述研究中，通常采用财政支出的受惠群体分布判断某一财政支出项目是偏向城市的还是偏向农村的，这样的划分较为武断，而限于城乡财政数据的可得性，此类研究难以充分反映支出在城乡间的分配，而采用实物性公共品来衡量偏向程度则显得更为精确。陈斌开等（2010）研究了政府教育公共品供给对城乡收入分配的作用机制，结果显示：教育水平的差距事实上是影响城乡收入差距的最关键因素，即偏向城市的教育投入造成了城乡收入水平的扩大。综上所述，文献探讨的视角主要集中于具体财政支出的影响效应，但是还鲜有文献从经济性公共支出与民生性公共支出的偏向视角进行论述，因为经济性公共支出具有更强的产出效应，而民生性支出则更能促进居民福利水平的提高。前者有利于经济增长，后者有利于收入均等化。因此，公共品（公共支出）供给的软硬偏向在一定程度上反映了政府社会经济发展战略的取舍。但是这种取舍会影响城乡收入分配，控制住公共品在城乡间分配的偏向影响是一个不能回避的问题，解垩（2007）探讨了农村公共品供给对降低城乡收入差距的作用。通过对1994~2004年省级面板数据进行的实证分析发现，地方政府预算外收入的大小以及农村税负的提高都会促使城乡收入差距扩大，且政府公共支出的结构也会显著影响城乡收入差距。同时，伴随城乡人口流动规模日益扩大，"做大蛋糕"与"分好蛋糕"之间需要更为复杂的权衡机制。因此，本书以城乡劳动力流动的分工合作模型为理论基础，探究公共品供给的软硬失衡与城乡收入分配的关系。

目前，城市化已成为促进经济结构转型的重要战略，然而面对日益凸显的社会矛盾，处理好城市化进程中的收入分配差距，是一个亟待解决的问题。之前的许多研究都间接检验了城市化的收入分配的效应（陆铭和陈钊，2004；曹裕等，2010；毛其淋，2011；范晓莉，2012）。丁志国等（2011）应用空间计量分析方法实证研究了我国城市化进程对城乡收入差距的影响，研究结果显示：城市化的进程对城乡收入差距的影响具有双向影响，增加第二、三产业的比重有利于缩小城乡收入差距；而盲目增加城镇固定资产投资则容易引起城乡收入差距的进一步扩大。因此，城市化路径选择的不同显著影响着城乡收入差距的变动方向。官锡强（2007）认为，人口过快地向大城市集聚，会给原本就财力不足的地方政府带来更大的财政压力，如果盲目扩张大城市则极易引发在许多后发国家中所出现的诸多"城市病"。根据国际研究的经验表明，城市化有助于缩小城乡收入差距（Verner，2005；Henderson，2007；Vazquez 等，2009）。尽管大量国内外实证研究普遍认为，城市化有助于改善收入分配状况，但如何解释这一现象仍是首要的问题。

由于国内外学者已经在公共品受益归宿分析问题上积累了大量的研究成果，本书也将对诸如教育、医疗等主要的公共品供给的受益归宿展开讨论，以期为制定翔实的公共品供给策略奠定基础。

第三章　收入分配的基本测度指标与分解方法

收入分配问题是社会经济发展的一个重要问题，随着经济发展的质量和水平不断提高，全社会也越来越关注收入分配的合理性和公平性。自改革开放以来，我国社会经济发展水平持续稳步提高，人民生活水平也实现了巨大的飞跃，但是伴随着物质生活在绝对水平上的大幅提升，人们开始更多地关注在相对水平上的差距，具体到经济层面上就是收入的不平等和财富的不平等，这也是在不平等问题中最引人关注的问题，学术界也长期保持着对这一问题的研究和思考。我国的收入差距问题来源是什么，原因又是什么，成为研究者一开始就十分关注的主题，学者从不同的方面对于我国的收入差距问题给予解释，地区差距、城乡差距、个体差异、机制因素等，这些研究都能很好地对我国收入分配现状进行解释，但是当我们的研究需要更进一步向纵深和细节发展时，这些结论又会启发出更多的问题：哪些收入差距的来源更重要、这些来源背后的原因是什么，而回答这些问题对于厘清收入分配问题的根源和机制是至关重要的，这是一切理论发展和政策制定的基础，也是消除误解和偏见、形成社会共识的前提条件。事实上，在世界范围内，收入分配在当下也日益成为政府、学者和公众高度关注的问题。2008年国际金融危机以来，西方各主要经济体的表现都较为低迷，经济发展停滞和失业率上升，而在经济下滑造成高福利政策难以为继的情况下，造成中低收入阶层收入明显下降，收入分配和财富分配情况进一步恶化，也造成了民众的普遍不满，从而在经济、文化、政治等方面给社会注入了不稳定的因素。从近些年西方学术界关注的动向可以看出，贫困化与不平等已经成为西方经济学界的一个热点问题，从托马斯·皮凯蒂的《21世纪资本论》的火爆畅销，到2019年诺贝尔经济学奖颁发给了阿比吉特·巴纳吉（Abhijit Banerjee）、埃斯特·迪弗洛（Esther Duflo）以及哈佛大学教授迈克尔·克雷默（Michael Kremer），以表彰他们利用田野实验进行减贫研究的贡献，这些都说明民众、学术界以及政府都在高度关注和思考着社会公平的现状。即使是这样，由于收入不平等或财富不平等问题的复杂性，各种解释不平等的理论众说纷纭，处理社会经济不平等的方法仍然难见效果。

从当前国内外政治经济形势来看，世界各国政府都在积极施策优化收入分配和财富分配、促进社会公平。但是一切有效政策和措施的前提是准确地识别出引起收入不平等的主要原因，而研究收入不平等的来源和原因都离不开准确测度全社会的收入不平等的状态，这就是为什么统计学家和经济学家不停改进现有的测度方法，希望能找出性质更好的测度方法，以适应不断出现的新现象和新问题。但是收入不平等的来源多样，深层的经济社会原因错综复杂，因此在介绍具体测度方法之前，必须在理论上对其内涵进行探讨。理解不平等的关键是要认识到其与效率的关系。平等与效率在经济学的研究中永远是最重要的命题之一，经济学作为研究社会资源最优配置的学科，强调一切经济行为需要满足最优化的一阶条件，即边际收益要等于边际成本，因此只要经济主体的行为符合这一原则便是符合经济学的判断标准。举一个简单的例子：个人作为劳动供给者获取收入，其最优行为的条件就是获取的边际收入等于其提供劳动的边际成本，从简化的理论看，由于假设都是同质的个体，每个劳动者的收入水平应该是均等的。但是在现实中，劳动者的人力资本的积累水平（工作能力）是千差万别的，而在劳动力市场竞争中，劳动能力更强的劳动者自然会得到更高的劳动收入，这样就存在着由市场机制引起的个体间收入差异。从数据来看个体收入差异确实存在，但是这样的差异是符合效率原则的，这时两难的问题摆在我们的面前，即我们应该如何来看待这样的差异，能够把它视为一种"不平等"吗？要回答这样的问题，不能只从经济学的角度找答案，还应该综合社会学、伦理学、政治学等学科的视角进行讨论。当然，从经济学的角度也能帮助我们找到真正的"不平等"，仍以劳动力市场为例，如果劳动力市场存在歧视，也可能造成相同劳动能力水平的人获得不同的收入，这时二者的收入差异并不是来自市场的选择，恰恰相反，这样的差距来自对效率原则的背离，因为劳动能力相同的人按照效率原则理应获得同等的收入水平，否则就一定会出现某个个体的边际收益大于（或小于）其付出的边际成本，企业也会出现付出的成本（工资）与获得的边际产出背离的情况，因此可见，经济上的不平等在很大程度上来自于对效率的违背，这时不平等就不仅仅是简单的数量上的不均等，而是具有某种"不公平"的意味。效率与平等不再是表面上的对立的关系，而是在某些情况下具有共通性。这也是为什么我们对于收入分配改革的方针是坚持初次分配讲求效率、再次分配兼顾公平，两句话是对立统一的，都能为收入分配的优化提供重要的指导。

综上所述，收入分配是一个具有丰富内涵的概念，这也要求我们在设计和改进收入分配的测度指标和分解方法时，不仅要能够精确度量数量间的差异，还要考虑能够尽量反映真正由不公正引起的"不平等"。下面将简要介绍常用的收入分配测度指标及其特征。

第一节 收入分配的基本测度指标

一、收入分配测度指标的基本性质

经过近百年的发展，对不平等的测度已经发展成为统计学研究的一项重要主题，而其测度的角度与方法直接影响着经济学者甚至是政策制定者对于现实经济现象的把握与判断。因此，无论是在理论上还是实践上，都应当厘清不同测度指标与测度方式的特性与共性，并借此界定各种指标所适用的具体问题。目前，在学术界与实务界使用最为广泛的两种测度指标为基尼系数与广义熵指数（GE 指数或 Theil 指数），但其实除此之外仍有许多测度指标可供选择，如方差、变异系数、阿特金森（Atkinson）指数等，这些测度指标虽然形式上千差万别，但均在一定程度上或者一定的价值尺度下反映了某一经济现象的分配特征，它们在某些特性上具有一致性，参考部分学者（万广华，2008；洪兴建，2008）的总结和论述，收入分配测度指标应具备的性质大致如下：

一是匿名性，该性质要求度量指标只对观测对象的具体数值起作用，而不能受观测对象其他特质的影响，也就是说测度指标只与被测的变量值有关，而与被观测个体的其他因素无关。二是齐次性，联系到数学上的零次齐次概念，该性质说明所有人的收入同比例变化也不会影响指标的测度结果。这一条件保证了指标在不同单位的数据结果下仍能有效。三是规模不变性，即测度的结果不受样本容量的影响，当然，前提是样本的取得是有代表性的。即使复制了这一样本以扩大样本容量仍不会改变测度结果。四是转移原则，这一原则可以理解为，将一部分人的收入转移给另一部分人后一定会引起测度结果的改变。具体来说,将高收入者的收入转移给低收入者会使指标值下降,而将低收入者的收入转移给高收入者会使指标上升。五是强洛伦兹一致性,对于收入的度量,要求利用所有的样本的观测信息,仅利用部分信息的指标是存在缺陷的。

符合这些性质的指标中,在理论和实践过程中应用最为广泛的就是基尼系数与广义熵指数两个指标。下面分别介绍两个指标的具体含义与计算方式。

二、基尼系数

设经济中有 n 个人,他们的收入用向量表示为:$X = (x_1, x_2, \cdots, x_n)$ 并且有 $x_1 \leq x_2 \leq \cdots \leq x_n$,设 $F(x_i)$ 代表收入小于 x_i 的人数所占总人数的比重,即累积频率,直观上反映了在某一收入水平以下的人口分布。借此可以构造"洛伦兹曲线",在该曲线上,其坐标可以表示为:$\left(\dfrac{i}{n}, \dfrac{\sum_{j=1}^{i} x_j}{n\bar{x}} \right)$ 横坐标代表收入排序在第 i 位的个体及其收入小于他的个体所占总人口比重,而纵坐标则代表上述这部分个人的收入之和占总收入的比重。因此,可以发现,洛伦兹曲线反映了在当收入由低向高排列时,收入低于某一指标的人口比重与他们收入占总收入比重的一个关系。那么,有前面的讨论知,洛伦兹曲线的横坐标为 $F(x_i)$,而纵坐标由 $L(x_i)$ 表示。在实际的应用研究中,基尼系数的具体测算如式(3-1)所示:

$$G = \dfrac{1}{2n^2 \bar{x}} \sum_{i=1}^{n} \sum_{j=1}^{n} |x_i - x_j| = \dfrac{1}{n^2 \bar{x}} \sum_{i=1}^{n} (2i - n - 1) x_i \qquad (3-1)$$

三、广义熵指数

广义熵指数又称泰尔指数(Theil Index),泰尔指数的广泛应用晚于基尼系数,Shorrocks(1980)详细回顾了收入分配指标的测度方式,总结了可分解的测度指标所应具备的性质,比较了几种较为常见的收入分配测度指标的数值

特性,并且基于此提出了"广义熵指数"的一般概念。其最一般的表达式为式(3-2):

$$GE = \frac{1}{a(1-a)} \sum_{i=1}^{n} \frac{1}{n} \left[\left(\frac{x_i}{\bar{x}} \right)^a - 1 \right] \qquad (3-2)$$

式中,n代表样本的个数;x_i代表第i个人的收入水平;a代表GE指数的一个参数;$\bar{x}$代表全体样本个体收入的平均值。当然,在实际应用中,更为常用的是当a趋于0或1时,GE的极限公式,可以分别称它们为泰尔-L指数如式(3-3)所示以及泰尔-T指数如式(3-4)所示:

$$GE(0) = \frac{1}{n} \sum_{i=1}^{n} \ln \frac{\bar{x}}{x_i} \qquad (3-3)$$

$$GE(1) = \frac{1}{n} \sum_{i=1}^{n} \frac{x_i}{\bar{x}} \ln \frac{x_i}{\bar{x}} \qquad (3-4)$$

泰尔指数的公式较之基尼系数的公式形式上简洁很多。在实际操作中,我们面对的统计数据往往是具有分组特征的数据,在组内没有给出具体个体的收入水平,只有组内的平均收入水平及组内个体数量,那么此时泰尔-L指数的计算公式为式(3-5),泰尔-T指数的计算公式为式(3-6):

$$GE(0) = \sum_{j=i}^{K} \frac{n_j}{n} \ln \frac{\bar{x}}{x_j} \qquad (3-5)$$

$$GE(1) = \sum_{j=i}^{K} \frac{n_j}{n} \frac{x_j}{\bar{x}} \ln \frac{x_j}{\bar{x}} \qquad (3-6)$$

式中的各变量与前面定义的略有不同,n仍代表整个样本的容量;n_j代表第j个分组中的个体数量;x_j代表第j个组的平均收入水平;$\bar{x}$代表全体样本个体收入的平均值。这两个公式实际上测度的指标结果更为粗略,不是因为计算形式有所区别,而是在于数据的形式较之大样本个体数据更为粗糙,没有包含足够细致精准的信息,忽略了在各个分组之中不均等的影响。当然,上述公式还可以进一步扩展,使之应用于更为复杂的分解实践中。

第二节 收入分配测度指标的分解方法

观测经济现象的不平等程度只是研究工作的开端，而探究总体不平等背后的影响因素及机制才是研究深入下去的关键。因此，将收入分配测速指标适当分解以观察不平等的来源或分布，有助于探究收入分配特征的根源。以下介绍收入分配指标在子群、来源间的分解方法，并简要介绍利用回归分析进行分解的基本原理。

一、测度指标在子群间分解

如果将一个样本总体划分为几组，如何衡量每一组将带来多大程度的不平等被称为不平等的子群（Subgroup）分解。直觉上，不平等程度可以在这种情况下视为由来自组内的不平等以及来自组间的不平等组成。一个很自然的问题，即不平等指标可以对这种分解闭合吗？也就是说，是否所有的不平等指标都可以分为组内不平等与组间不平等之和，并且组内不平等与组间不平等都是独立测算而得。答案是否定的。Bourguignon（1979）详细探讨了不平等指标的子群分解的特性，并指出基尼系数不是一个可以用于子群分解的不平等指标，因为它不能满足可分可加性。进而，Shorrocks（1980）在对可分解指标的性质进行严格讨论后认为，一般熵指数是最合意的指标，其具体的分解方法为：

$$GE(0) = \sum_{k=1}^{K} \frac{n_k}{n} GE^k(0) + \sum_{k=1}^{K} \frac{n_k}{n} \ln \frac{\bar{x}}{\bar{x}_k} \tag{3-7}$$

$$GE(1) = \sum_{k=1}^{K} \frac{n_k}{n} \frac{\bar{x}_k}{\bar{x}} GE^k(1) + \sum_{k=1}^{K} \frac{n_k}{n} \frac{\bar{x}_k}{\bar{x}} \ln \frac{\bar{x}_k}{\bar{x}} \tag{3-8}$$

式中，假设样本总体被分为 K 组，n_k 代表第 k 组的样本数；$GE^k(0)$ 代表第 k 组组内的不平等程度；x_k 代表第 k 组的平均收入水平；$\bar{x}$ 代表总体的平均收入水平；n 代表样本总体体积。以上两个一般熵指数的子群分解公式的含义是：总体的不平等程度一方面来源于各组内部不平等程度的加权和，其反映的是组间不平等程度；另一方面来源于各组内部不平等程度之和，可视为纯组内不平等程度。式（3-7）和式（3-8）只给出了相对简单的情况，并没有考虑子群内部样本为分组数据的情况，但其测算的逻辑是一致的。

二、测度指标的来源分解

来源分解是指对于组成收入的各分项收入来源进行不平等的分解，也可称为要素分解或成分分解。Shorrocks（1982）曾经对不平等的来源分解问题进行了详尽的探讨，这一分解方式对于不评定指标的要求远不如子群分解那样高，无论是基尼系数还是泰尔指数都适用于"来源分解"的要求，下面以基尼系数为例详细论述来源分解的原理与方法。

从基尼系数的测算公式入手：

$$G = \frac{1}{n^2 \bar{x}} \sum_{i=1}^{n} (2i - n - 1) x_i \qquad (3-9)$$

上式中 x_i 代表第 i 个个体的收入水平，在来源分解中还需知道这一个体收入是由哪些分项收入（收入来源）组成的，因此设：

$$x_i = \sum_{k=1}^{K} x_{ik} \qquad (3-10)$$

式中，K 代表个人收入来源的分类，而 x_{ik} 则反映了第 k 种收入来源的具体数值。将式（3-10）代入基尼系数的测算公式中有：

$$G = \sum_{k=1}^{K} \frac{1}{n^2 \bar{x}} \sum_{i=1}^{n} (2i - n - 1) x_{ik} \qquad (3-11)$$

对式（3-11）稍作变换，可得式（3-12）：

$$1 = \sum_{k=1}^{K} \frac{\frac{1}{n^2 \bar{x}} \sum_{i=1}^{n} (2i - n - 1) x_{ik}}{G} = \sum_{k=1}^{K} S_k \tag{3-12}$$

式中，S_k 代表对总不平等的贡献份额，再进行变换：

$$S_k = \frac{\bar{x}_k}{\bar{x}} \frac{\frac{1}{n^2 \bar{x}_k} \sum_{i=1}^{n} (2i - n - 1) x_{ik}}{G} \tag{3-13}$$

对份额公式如此变换，关键在于提取出式（3-14）：

$$G_k^{quasi} = \frac{1}{n^2 \bar{x}_k} \sum_{i=1}^{n} (2i - n - 1) x_{ik} \tag{3-14}$$

值得注意的是，式（3-14）虽然形式上很像第 k 种收入来源的基尼系数测算公式，但其实是不一样的。因为，原先是根据总收入进行排序的，式中的 i 是与 x_i 排序相匹配的，但是真实的第 k 种收入来源的基尼系数测算公式中的 i 应是与 x_{ik} 的排序相匹配的。因此，这里只能称以上公式的测算结果为第 k 种收入来源的伪基尼系数（Pseudo - Gini Cofficient）。综上所述，第 k 种收入来源所贡献的不平等程度为：

$$S_k = \frac{\bar{x}_k}{\bar{x}} \frac{G_k^{quasi}}{G} \tag{3-15}$$

此时，当 $G_k^{quasi} > G_k$ 时，那么该收入来源扩大了不平等，当 $G_k^{quasi} < G_k$ 时，那么该收入来源缩减了不平等。

三、测度指标在影响因素之间的分解

以上两种分解方式（子群分解与来源分解）都是对收入数据本身进行分解，也就是说只是利用收入自身的信息来进行分解。但是若想进一步探究引起收入不平等的原因，而且想要测算每一个影响因素到底对收入不平等起多大的作用，这时可以参考工资差距研究中的奥萨卡－布莱德分解及 Mincer 工资方

程的思想，引入收入决定方程，以影响收入的因素为解释变量。收入为被解释变量，通过估计回归方程各因素的系数计算收入的拟合值、残差值，进而计算不平等的分解。这种方法可以有多重回归方程的设定形式，如线性形式（Morduch 和 Sicular，2002），半对数形式（Fields 和 Yoo，2000）以及非线性形式（Wan，2004）。事实上，采用上述回归方程的分解方法也并非完美，但分解的结果却在很多时候不能解释全部不平等甚至大部分不平等。为了解决这一问题，Shorrocks（2002）借鉴合作博弈论中夏普里值分解的思想，将某一因素对不平等的影响视为其他因素逐一不起作用时（或说逐一被固定时），该因素对不平等影响的平均值。

四、城乡收入差距测算方式的比较

为了进一步展示简单的收入差距测算方式与标准收入分配测算方式之间的差别，在这里以城乡收入差距的测度为例，分别用两种方法进行一个模拟的测算。在现有文献中，在城乡收入差距时，测算上主要采取以下两种方式：第一种方法是用城镇居民人均年可支配收入与农村居民人均年纯收入之比（可以称之为"比例法"），这一测算方式计算简便，对统计资料的要求相对较低，但该方法忽略了人口比重在收入不平等测算中的作用。第二种方法是利用泰尔指数的子群分解方法（可以称之为"泰尔指数法"）测算城乡收入不平等，该公式为泰尔－T 指数的子群分解公式如式（3－16）所示：

$$GE(1) = \sum_{k=1}^{K} \frac{n_k}{n} \frac{x_k}{x} GE^k(1) + \sum_{k=1}^{K} \frac{n_k}{n} \frac{x_k}{x} \ln \frac{x_k}{x} \qquad (3-16)$$

将式（3－16）略加变形应用于城乡两个人口子群中，即可得式（3－17）：

$$Theil = \frac{Y_U}{Y} \ln \frac{y_u}{y} + \frac{Y_R}{Y} \ln \frac{y_r}{y} \qquad (3-17)$$

式中，Y_U、Y_R、Y 分别代表城镇居民总收入、农村居民总收入以及全体居民总收入；而 y_u、y_r、$\bar{y}$ 则分别代表城镇居民人均可支配收入、农村居民人均纯收入，以及全体居民的人居收入。这一测度方式尽管形式复杂，但测算结果充分考虑了人口比重因素的影响（王少平和欧阳志刚，2007），更具合理性。为了比较两种测度方式的差异，以一个具体的数值计算为例，假设某一地区人口总数为100，所有个体的总收入为100，假设两种分配情况如表3-1所示：

表3-1 比例法与泰尔指数法测度结果比较

	总人均收入	城镇人均收入	农村人均收入	城镇人口数	农村人口数	比例法测算结果	泰尔指数法测算结果
情境一	1	1.5	0.5	50	50	3	0.13
情境二	1	1.2	0.4	75	25	3	0.0724

由上述设计的两种情境对比可知，直观上第二种情况下的收入分配状况更为均等，但若使用"比例法"计算的结果显示两种情境的收入不平等状况均为3，而利用泰尔指数法测度的不平等指标显示第二种收入分配状况远好于第一种状况，与我们的直观判断更相符，因此也可以较为直观地说明采用泰尔指数法测度的优越性与合理性。在本书的后续论述中，将继续使用比例法以及泰尔指数法对城乡收入分配的状况进行测度，在实证研究中也采用这两种方式测算的数据进行实证检验。

第三节 机会不平等的介绍

收入分配测度指标以及分解方式更多是针对客观的收入数据、个体分组以及各类影响因素进行的，它们测算和分解的结果通常是针对个体横向之间的比较而得到的。但是，如果想要对收入分配的问题追根溯源，有许多造成收入不平等的原因是来自个体在获取"机会"上的不平等，例如一个劳动者在劳动力市场上受到了歧视，只要能够有足够详细的资料就可以测算出因这一歧视行为而造成的收入差距，这一收入差距就是因"机会不平等"而带来的，因此这就应该视其为一种收入不平等的来源。从某种程度上说，机会不平等也可以被看成是对于"不平等"原因的一种探究方式，也是在将客观的收入分配状况从机会公平的角度进行分解，因此在这一部分将简要介绍机会不平等在收入分配问题中的作用。

机会不平等的概念涉及面较为广泛，而且需要根据研究的问题进行辨析和判断，每一个不同的问题都可以总结出影响其平等程度的所谓"机会"的因素。机会不平等的概念可以用在辨析收入分配中不合理的分配情况，尤其有利于从理论上判别哪些因素由机会不平等造成的，而这样的分解具有很强的政策意义，可以帮助人们在实践中找到引起收入分配不合理的关键因素和有失公平的因素，并尽可能地消除这些因素的影响，从而真正矫正收入分配中不合理的部分。具体而言，引起收入分配问题的因素有很多，而其中经过学者研究和总结发现，影响个人收入的因素主要涉及所受到的教育、健康水平、家庭环境、先天因素以及市场扭曲等，这些因素都是个人难以改变的，但又在很大程度上影响收入分配。

另外对于那些影响个体起点公平的因素，也要尽量通过再分配政策进行一定程度的缓解，而讲到这里就与本书的另一个主题——基本公共服务均等化的问题联系到了一起，为什么在探讨收入分配问题时，不可避免地需要对政府的基本公共服务政策进行研究，这是因为基本公共服务政策是矫正"机会不平等"的重要方法，在《关于建立健全基本公共服务标准体系的指导意见》中，特别强调了政府在基本公共服务供给中的责任就是要保障公民在享有基本公共服务的权利，也就是政府要发挥"保底线"的功能。只有在这个前提下，优化社会收入分配的改革才具备坚实的基础。鉴于收入分配问题的复杂性，对于机会不平等的研究将会在收入分配问题研究中扮演越来越重要的角色，借助愈发成熟完善的微观数据库资源，研究者可以结合机会不平等的研究工具，发现更多具有理论和政策价值的结论。

第四章 公共品供给的收入分配效应：理论分析

本章将继续深入讨论人口城市化的背景下，公共品供给在理论上会对收入分配产生何种影响。在这里，人口城市化仍是用城市人口占总人口的比重来代表；公共品供给仍然是广义上包含民生性公共品与经济性公共品。正如前文所提到的，城市化的本质在于农村居民向城市的迁移，顺利融入城市的产业分工，并逐渐适应城市居民生活方式，成为真正的城市居民。但这一过程并不是一蹴而就的，从改革开放的发展历程来看，我国的工业化持续保持着高速增长，但相比之下城市化速度仍显滞后，这也造成了城乡收入分配迟迟得不到改善，原因有以下两方面：一方面，工业化使城镇经济快速发展，就业机会大量出现在城市，农村居民可以通过进城务工获得就业机会，这确实提高了农村居民的收入水平；另一方面，由于人口城市化进程较为滞后，农村居民入城务工容易受到人力资本积累水平不足以及制度性障碍的约束，农村居民无法稳定居住在城市，并且很难具备良好的环境用于提升自己的劳动技能水平和综合素质，因此相对分享到了更少的发展红利，反而不能获得更快的收入增长，使城乡收入分配状况较难得到明显的改善。

从以上的论述中可以看出，对于人口城市化进程以及居民的收入分配，其相互影响的机制还是较为复杂的。人口向城市流动的根本动力可以主要归结为城乡收入差距，正因为在城市可以获得更高收入，农村居民才有动力向城市迁移，但是这还只是城市化的开端，真正城市化的关键在于农村居民的市民化，也就是说农村居民需要有在城市留下的意愿和能力，而这些取决于城市能为入城务工的农村居民建立怎样的公共服务体系，从住房保障、子女教育、医疗服务、养老保障等对于没有很强经济基础的入城居民而言是特别重要的，只有高水平的基本公共服务体系才可以保证居民有足够的保障和意愿留在城市，也有能力通过时间的积累获取人力资本的提升，进而实现收入的大幅提升。

综上所述，需要将公共品供给纳入城市化进程，并分析其对于城乡收入分配的作用，这样才可以完整揭示出城市化、公共品供给与收入分配三者之间的关系。目前，大量的文献是从户籍的视角关注城市化为何不能明显缩小城乡收入差距（当然户籍制度本身就与公共服务获得的歧视有关），对于制度性障碍（以户籍制度为代表）的问题已成为学界乃至社会舆论关注的焦点。但是，我们不应该仅关注在城市内部公共品供给的水平，而是需要将视野放在公共品供给的全局上，政府在城乡间公共品供给的差异也同样不能忽视，甚至这种更为隐蔽的"公共品供给歧视"可能对于阻滞城乡收入差距的缩小有着更重要的影响，本应享受"均等化"公共服务的农村居民由于不能得到公平的教育、就医机会，即使进入了城市就业也难以在劳动力市场上获得更高的收入，更不用说在城市部门中还存在着大量"计划就业人口"（韦伟和傅勇，2004），他们会获得高于普通城市居民的收入。

可是，公共服务供给均等化存在着两个难题：其一，承担大部分公共服务供给任务的地方政府同时需要负责地方经济增长的绩效，这势必会造成政府资源在民生性公共品和经济性公共品两类公共品供给中进行取舍，二者的比例处在一个怎样的水平才是合理的。其二，在农村地区供给同等数量的公共品较之城市地区需要更多的资源投入，效率导向的政策会驱使地方政府更愿意将有限的政府资源优先配置在城市地区,以提高本就更具生产效率的城市居民的公共服务水平与人均资本存量,那么向农村倾斜的公共品供给策略是否会造成公共资源的浪费,在城市投入更多的公共品,并积极放开人口入城的限制,是否是一个更有效率的做法。

综上所述,公共品在城乡间的分配比例对城乡居民的收入分配有着重要影响;但同时也要考虑不同类型公共品的供给结构可能会对城乡收入分配产生的影响,尤其是经济性公共品的供给到底会对城乡收入分配产生怎样的影响,这也是需要我们首先在理论上予以回答的。

因此,针对以上这些问题,本章将以人口城市化为背景,通过构建数理模型探讨公共品供给对于城乡收入分配影响的理论机制,然后再以城市化为关注的变量,从城乡收入分配的测度公式入手,阐明城市化与城乡收入分配之间的联系,为后续的实证分析厘清脉络。

第一节 劳动力流动与城乡收入差距:基本分析框架

人口的城市化是城市化的本质问题,所以劳动力城乡间流动是探讨城市化背景下城乡收入分配不容回避的问题。需要强调的是,鉴于无论是城市居民还是农村居民,其收入来源都主要依赖劳动收入所得,因此为适度简化分析,故采用劳动收入代表个人收入进行理论分析。首先,参考钟笑寒(2006)关于城市部门与农村部门产出函数的设定方式,得出式(4-1)和式(4-2):

$$Y_U = \lambda H^{2\alpha} L_U^\alpha K + (1-\lambda) L_U^\alpha K^{1-\alpha} \tag{4-1}$$

$$Y_R = L_R^\alpha \quad (0 < \alpha < 1) \tag{4-2}$$

式中，Y_U 与 Y_R 分别代表城市与农村的产出，H 代表城市劳动供给数量，由于不考虑失业的情况，其事实上即可认为等同于城市人口数量，并设他们为高技能的劳动者。而 L_U 与 L_R 则分别代表在城市与农村就业的农村居民，二者之和即农村人口总数。且由我国国情出发，可以假设农村人口远大于城市人口，从事农业生产的劳动力完全可以满足全社会对农业产品的需求，因此在农村地区会产生大量的剩余劳动力进入城市部门就业。农业产出函数中假设 α 介于 0 与 1 之间，这意味着农业边际生产率递减，这正与农业生产存在大量剩余劳动力这一现象相对应。而在城市产业部门中，高技能的城市居民具有更高的产出弹性（这里设其为农村进城务工者的两倍），并假设城市经济分为工业与服务业两个部门，其中工业部门的高技能劳动者与低技能农村务工者进行分工合作。另外，假设服务业部门的技术特征为常规模报酬的，并只吸纳农村入城务工劳动者。而参数 λ 外生于模型，是由经济结构的特征决定的，可以视为资本在两个部门之间的分布。

同时，假设城市与农村的产品市场与劳动市场均为完全竞争市场，劳动者报酬等于其边际产出。考虑到农村务农居民其多为"自雇劳动"，他们的收入水平应该为农业产出的平均值，而非边际值。那么上述模型中三类劳动者的收入分别如式（4-3）至式（4-5）所示：

$$w_{lu} = \alpha\lambda H^{2\alpha} L_U^{\alpha-1} K + \alpha(1-\lambda) L_U^{\alpha-1} K^{1-\alpha} \tag{4-3}$$

$$w_h = 2\alpha\lambda H^{2\alpha-1} L_U^{\alpha} K \tag{4-4}$$

$$w_{lr} = L_R^{\alpha-1} \tag{4-5}$$

事实上，在产品市场与劳动力市场均为完全竞争的假设下，城乡劳动力流动停止的条件为入城务工者与务农农村居民二者收入相等：

$$w_{lu} = w_{lr} \tag{4-6}$$

$$L_R^{\alpha-1} = \alpha\lambda H^{2\alpha} L_U^{\alpha-1} K + \alpha(1-\lambda) L_U^{\alpha-1} K^{1-\alpha} \tag{4-7}$$

此时,劳动力流动达到均衡,并且由于假设不存在城市失业,由以上等式即可以计算从事农业生产的农村劳动人口与农村入城务工劳动者。进而城乡收入差距计算如式(4-8)所示:

$$gap = \frac{2\alpha\lambda H^{2\alpha-1}L_U^{\alpha}K}{\alpha\lambda H^{2\alpha}L_U^{\alpha-1}K + \alpha(1-\lambda)L_U^{\alpha-1}K^{1-\alpha}} \quad (4-8)$$

从城乡收入差距的公式来看,进城务工人数的增加反而会拉大城乡收入差距,而城市高技能劳动人口数量的增长却可以缩小城乡收入差距。这一结论来自于产出函数形式的设定方式,入城务工者的劳动收入之所以受到城市高技能劳动者的影响,是因为它决定了低技能的入城务工者的边际产出;同样,城市高技能劳动者的边际产出也受制于低技能劳动者数量。城市化形成的要素集聚,而上述关系则反映了集聚下的分工,二者共同推动了城市与农村居民收入的上升。

但如何解释入城务工劳动者数量的增加会扩大城乡收入差距,而高技能劳动人口数量的增加有利于缩小城乡收入差距这一论断呢?因为入城务工的低技能劳动者尽管减少了农村的过剩劳动人口,提高了从事农业生产的劳动收入水平(尽管在均衡处,农村居民的收入水平并没有受到入城务工劳动力数量的影响),但同时也会引起城市分工水平的提高,从而更有利于城市居民收入水平的上升。综合以上两点可知,随着流入城市的低技能劳动力数量增加,事实上更有利于均衡处城市居民收入水平的上升,反观城市高技能劳动者数量恰恰决定了均衡处农村居民的人均收入水平(无论是入城务工还是从事农业生产),因此,城市高技能劳动者数量不仅促进了总产出,且有效提高入城务工者均衡处的边际产出,从而有利于城乡收入差距的改善。

由此可见,以上的推断均是在一系列假设条件之下推理而得出的,这些假设条件与结论具有以下三点经济含义:

第一,农村居民入城务工的工资受城市高技能劳动人口数量影响,并且不随务工者数量的增加而增加。现实中，考虑到入城务工的低技能劳动者总是一般从业于城市产业部门中的附属产业或下游产业，其劳动收入所得受制于高技能劳动者密集的主导产业或上游产业的效益水平，因此该假设具有一定的合理性。

第二，城乡收入差距的表达式反映了其在劳动力流动均衡时的状态。而实际生活中观察到的某一时点的状态或许只是动态调整过程中的"阶段性均衡"状态。当存在外生冲击时，均衡状态会随之改变。因此，上述公式描述的变化过程可以视为从某一均衡状态向另一均衡状态转移的过程。

第三，改变外生条件可以起到影响收入分配状况的效果。如扩大高技能劳动人口的基数，在劳动力转移过程中尽量培育入城务工的劳动力以提升他们的劳动技能水平，以至将入城农民彻底转变为城市居民。这对于加速人口流动以及缩小城乡收入差距都具有积极意义。

第二节　公共品供给的结构与城乡收入差距

为何要将公共品供给的结构进行建模呢，就是因为许多学者（张军等，2005；傅勇和张晏，2007；傅勇，2010）发现，实现增长目标的地方政府在公共品供给决策时，更偏重于诸如基础设施这样的经济性公共品的供给，而忽视对诸如教育、卫生等民生性公共品的供给。而这种倾向也会对收入分配产生影响，为了能够讨论这一因素到底如何影响城乡收入差距，因此需要将其形成变量进入到模型中。

这种供给结构将如何影响城乡收入差距和需要构建理论模型予以阐释。沿用本章第一节的城乡产出函数的设定方式，只是在城市生产函数中加入"资本"这一新的生产要素,并设其为"基础设施建设"的函数,考虑到基础设施引资的边际效果逐渐递减,因此该函数可设为式(4-9):

$$K = K(I) = \ln I \qquad (4-9)$$

式中,I代表基础设施的存量。有必要详细说明的是,基础设施供给的主体应为中央政府以及各地方政府,但不同于民生性公共品的供给模式,目前地方政府对其供给主要不是依靠当地的财政收入,而是以其他预算、未来财政收入或土地等政府资源作为担保向社会融资,进行经济性公共品的供给,现实中最具代表性的即公路、铁路或地铁等交通基础设施的供给模式。由于经济性基础设施多属于"具有排他性的公共物品",即可以对公共品的使用施行排他性的收费或定价,以便回收成本。但无论如何,对经济性公共品的供给均需要政府主导才能展开。因此,政府对增长的偏好直接决定了其会最大化手中掌握的资源用以供给经济性公共品,造成结构性的供给偏向。

与之相对应的是,假设民生性公共品有助于改善劳动力的技能水平,由于在本节中不讨论民生性公共品的城乡供给结构问题,因此假设民生性公共品在城乡间均等配置,城乡居民的劳动技能水平的相对差距并不受影响。综上所述,可将城市与农村两部门的产出函数分别设定为式(4-10)和式(4-11):

$$Y_U = \lambda H^{2\alpha} L_U^{\alpha} \ln I + (1-\lambda) L_U^{\alpha} \ln I^{1-\alpha} \qquad (4-10)$$

$$Y_R = L_R^{\alpha} \qquad (4-11)$$

式中,Y_U与Y_R分别代表城市与农村的产出水平,H、L_U、L_R则分别为城市高技能劳动力数量、入城务工低技能劳动力数量以及从事从业生产劳动人口数量,城市劳动力市场仍为完全竞争,个体收入等于其边际产出:

$$w_{lu} = \alpha \lambda H^{2\alpha} L_U^{\alpha-1} K + \alpha (1-\lambda) L_U^{\alpha-1} K^{1-\alpha} \qquad (4-12)$$

$$w_h = 2\alpha \lambda H^{2\alpha-1} L_U^{\alpha} K \qquad (4-13)$$

$$w_{lr} = L_R^{\alpha-1} \qquad (4-14)$$

由此，引入对公共品供给结构变量的考察，得到式（4-15）：

$$\begin{aligned} \text{gap} &= \frac{2\alpha\lambda H^{2\alpha-1}L_U^{\alpha}\ln I}{\alpha\lambda H^{2\alpha}L_U^{\alpha-1}\ln I + \alpha(1-\lambda)L_U^{\alpha-1}\ln I^{1-\alpha}} \\ &= \frac{2\lambda H^{2\alpha-1}}{\lambda H^{2\alpha}L_U^{-1} + (1-\lambda)L_U^{-1}\ln I^{-\alpha}} \\ &= \frac{2\lambda H^{2\alpha-1}L_U}{\lambda H^{2\alpha} + (1-\lambda)\ln I^{-\alpha}} \end{aligned} \quad (4-15)$$

由以上公式来看，似乎已经得到了公共品供给结构对城乡收入差距影响的直观表述。但其实此时还不能进行简单的比较，因为农村低技能人口在城乡间流动的水平内生于本模型之中，公共品供给结构事实上决定了农民向城市转移的规模，换句话说即不能武断地认为 L_U 与 L_R 外生于本模型。为解决这一问题，应使用劳动力流动均衡的条件，以解出公共品供给结构与劳动力流动水平之间的关系。基于上述分析，故设 L 为全体农村人口数量（也代表全体低技能劳动人口数量），并设 ρ 为从事农业生产人口的比例，即式（4-16）和式（4-17）：

$$L_R = \rho L \quad (4-16)$$

$$L_U = (1-\rho)L \quad (4-17)$$

劳动力流动的均衡条件推导得到式（4-18）：

$$w_{lu} = w_{lr} \quad (4-18)$$

由式（4-18）可得：$\rho^{\alpha-1}L^{\alpha-1} = [\lambda H^{2\alpha}\ln I + (1-\lambda)\ln I^{1-\alpha}](1-\rho)^{\alpha-1}L^{\alpha-1}$

$$\quad (4-19)$$

变换得：$\left(\dfrac{\rho}{1-\rho}\right)^{\alpha-1} = \lambda H^{2\alpha}\ln t + (1-\lambda)\ln t^{1-\varepsilon}$ $\quad (4-20)$

进一步推知：

$$1 - \rho = 1 - \frac{1}{[\lambda H^{2\alpha}\ln I + (1-\lambda)\ln I^{1-\alpha}]^{\frac{1}{1-\alpha}} + 1} \quad (4-21)$$

由此可见，在上式各外生参数已经给定的范围内，$1-\rho$（入城务工者的比重）为关于 I（公共品供给的结构）的增函数，或者说随着经济性公共品供给的比重上升，入城务工者的数量也随之上升。那么，将这一推论应用在城乡收入差距的公式中，可以发现：当 I 上升后，城乡收入差距在均衡处扩大。这里需要再次强调的是，假设政府公共品投入只在基础设施与民生性公共品之间分配，且投入单调不减，这时模型事实上假设民生性公共品投入为 1，此时若基础设施投资上升，则在人口不变的情况下，即代表了公共品供给的结构中偏向经济性公共品程度的加大，因此上述推理的逻辑成立。

在本模型的设定下，城乡居民的收入水平均依赖于全社会的资本存量水平，虽然经济性公共品供给的偏重有助于资本积累，但现实中这类公共品往往集中于城市（当然，不能否认公路网的建设在很大程度上帮助农村地区的脱贫致富），这更有利于产业在城市形成集聚，而这样的集聚更有利于城市居民收入水平的提升，因为城市居民为高技能的劳动者，他们能从劳动力流动所引起的城市分工中分享到更多的收益。值得注意的是，即使在没有设定任何入城务工歧视的情况下，该结论也是成立的。综上所述，在理论上经济性公共品的供给比重越高可能越不利于城乡收入分配的改善。

第三节　公共品城乡供给与城乡收入差距

本节将关注的焦点从公共品供给的结构性转移到公共品在城乡间供给的分布。政府在城乡间的政策倾斜在以往的文献中多以财政支出或某一方面的支出对城市的偏向来衡量（魏玮等，2012；陆铭和陈钊，2004）。但应当注意到：理论上，不同类型的公共支出在城乡间作用于城乡收入差距的机制可能存在着很大的区别，使得偏向城市的支出政策的收入分配效果大相径庭。如果单纯地采用总支出的城市偏向，又会混同了不同类型支出的影响，从而掩盖其中具有启发性的现象。实证方面，限于统计资料的可得性，大多数研究难以精确衡量城乡间政府支出的分配。鉴于以上两点，本节更倾向于使用民生性公共品（以教育、卫生为代表）在城乡间的分配来反映影响城乡间收入差距的关键因素。因为在城市化的背景下，更具效率的城市产业部门提供了大部分的税收，其获得更多的政府支出是情有可原的，加之城市化过程本身就更需要偏向于城市发展的支出策略，如果不加区分地使用政府在城市的支出比重作为衡量支出偏向的变量，显然会抹杀城市经济发展惠及农村居民收入的效果。而关注更有助于提升个人人力资本水平的民生性公共品在城市的供给，则其更能反映公共品供给的城乡分配程度。首先，保障基本教育与基本医疗的均等供给是政府理所应当的责任，对其供给是具有偏向于城市的特征的；其次，民生性公共品供给水平有助于个人人力资本水平的积累，能够直接影响劳动技能水平与个人收入水平，与城乡收入差距这一主题具有更直观的联系。

为探讨本节所关注的主题，需要对基本模型进行修正。在基本模型中，城市居民与农村居民被划分为高技能与低技能两类劳动力，但他们之间的差距已经假设为固定不变的。在理论上认为民生性公共品的供给决定劳动技能水平，这一假设的根据在于：以教育为例，基础教育的差距是城乡间教育差距的关键，农村居民往往是在得不到良好的早期教育的前提下，丧失了接受高等教育的机会。而基础教育同时也是由政府（地方政府与中央政府）全权负责的，家庭负担相对较少，是政府供给教育类公共品的主要领域，能够较为客观地反映政府在公共品供给时倾向城市的程度。

而在劳动力数量保持不变的前提下，劳动技能水平的变化则体现在产出函数的参数设定上，具体而言，即具有越高技能的劳动力，其对应的产出弹性越大。并认为劳动技能水平的差距可以采用民生性公共品城乡供给的差异来衡量，运用公式可表示为式（4-22）：

$$\tau = \frac{e_h}{e_l} \tag{4-22}$$

式中，e_h 代表向城市居民供给的人均民生性公共品数量，设其有助于提高劳动者的人力资本水平，其与劳动人口数量的乘积即代表了有效劳动供给，同理，设 e_l 代表向农村居民供给的人均民生性公共品数量，并设：

$$e_l = 1 \tag{4-23}$$

则有：

$$\tau = e_h \tag{4-24}$$

在以上设定的条件下，城市与农村的产出函数形式调整为：

$$Y_U = \lambda (e_h H)^{2\alpha} L_U^\alpha K + (1-\lambda) L_U^\alpha K^{1-\alpha} \tag{4-25}$$

$$Y_R = L_R^\alpha \quad (0 < \alpha < 1) \tag{4-26}$$

同理，两部门的三类居民收入水平为：

$$w_h = 2\alpha\lambda e_h^{2\alpha} H^{2\alpha-1} L_U^\alpha K \tag{4-27}$$

$$w_{lu} = \alpha\lambda e_h^{2\alpha} H^{2\alpha} L_U^{\alpha-1} K + \alpha(1-\lambda) L_U^{\alpha-1} K^{1-\alpha} \tag{4-28}$$

$$w_{lr} = L_R^{\alpha-1} \quad (0 < \alpha < 1) \tag{4-29}$$

并在人口流动均衡时有：

$w_{lu} = w_{lr}$

$$L_R^{\alpha-1} = \alpha\lambda e_h^{2\alpha} H^{2\alpha} L_U^{\alpha-1} K + \alpha(1-\lambda) L_U^{\alpha-1} K^{1-\alpha} \tag{4-30}$$

进而有：

$$1 - \rho = 1 - \frac{1}{\left[\lambda e_h^{2\alpha} H^{2\alpha} K + (1-\lambda)\ln K^{1-\alpha}\right]^{\frac{1}{1-\alpha}} + 1} \tag{4-31}$$

此时城乡收入差距的表达式为式（4-32）：

$$gap = \frac{w_h}{w_{lr}} = \frac{2\alpha\lambda e_h^{2\alpha} H^{2\alpha-1} L_U^{\alpha-1} K}{L_R^{\alpha-1}}$$

$$= \left(\frac{L_U}{L_R}\right)^{\alpha-1}(2\alpha\lambda e_h^{2\alpha}H^{2\alpha-1}K)$$

$$= \frac{2\alpha\lambda e_h^{2\alpha}H^{2\alpha-1}K}{\lambda e_h^{2\alpha}H^{2\alpha}K + (1-\lambda)K^{1-\alpha}}$$

$$= \frac{2\alpha\lambda e_h^{2\alpha}H^{2\alpha-1}}{\lambda e_h^{2\alpha}H^{2\alpha} + (1-\lambda)K^{-\alpha}}$$

$$= \frac{2\alpha\lambda H^{2\alpha-1}}{\lambda H^{2\alpha} + (1-\lambda)K^{-\alpha}e_h^{-2\alpha}} \tag{4-32}$$

如同第二节所做出的分析那样，不能简单地判断公共品在城乡之间的供给比例与城乡收入差距之间的关系，必须要考虑内生因素 L_U 的影响才能做出判断。上面的公式推导参照上一节的做法，假设 ρ 为从事农业生产的农村人口比重，利用城乡劳动流动均衡等式可以替换上式中的 $(L_U/L_R)^{\alpha-1}$，因此有如上城乡收入差距的计算公式。对于需要考察的民生性公共品供给城乡偏向而言，利用上述表达式对偏向性指标 e_h 求导，通过倒数的正负号判断偏向变化对于城乡收入差距的影响。推导过程如式（4-33）所示：

$$\frac{dgap}{de_h} = \frac{2\alpha(1-\lambda)K^{-\alpha}e_h^{-2\alpha-1}}{[\lambda H^{2\alpha} + (1-\lambda)K^{-\alpha}e_h^{-2\alpha}]^2}(2\alpha\lambda H^{2\alpha-1}) \tag{4-33}$$

由式（4-33）的结果来看，城乡收入差距关于公共品城乡供给结构的导数为正，这意味着随着民生性公共品供给的城市倾向加强，城乡收入差距会扩大。这一结论的经济机制比较明显：不均等的民生性公共品供给水平代表了不均等的劳动技能水平，而这一差异造成了边际产出贡献与个人收入水平的差异。入城务工人口的数量随着城市偏向的公共品供给加剧而上升，因为对城市的倾向越大，越能吸引低收入的农村居民入城务工，这种入城倾向直至务农人口的数量达到较低水平时才会消失。尽管这样可以使城市化达到更高水平，但城乡收入差距却扩大了，这与本章第二节中公共品供给结构的情形类似，民生性公共品对城市的倾向形成了城市化的动力，却使城乡收入差距逐步扩大，但这也似乎暗示着：城乡收入分配恶化不应归咎于城市化本身，而相对较快的工业化与偏向城市的公共品供给政策才可能是收入分配恶化的主因。

综上所述，本章主要针对城市化背景下，公共品供给结构对城乡收入差距的作用机制进行了理论阐释，通过构建数理模型加以分析。其中，将公共品供给进一步分为"民生性与经济性公共品供给的结构"与"公共品供给的城乡分布"，前者侧重于解释过于偏重经济性公共品将会如何影响城乡收入差距，后者侧重于解释过于偏向城市的民生性公共品的供给将会如何影响城乡收入差距。在理论模型的推导过程中，以尽量贴近经济活动的真实行为为准则，城市发展、政府策略与个人选择都要遵循最优化的原则，但是现实的数据是否会支持在理论上推导的结论，还需要实证研究进一步检验，在本书的下一章将对基本观点进行实证检验。

第五章　城市化背景下公共品供给与收入分配：实证分析

　　从近20年的全国收入分配的变化情况来看，全国居民人均可支配收入的分配状况呈现出两个阶段的变化，2003~2009年收入差距逐渐上升，而2009~2016年，收入分配状况逐渐改善。而其中对全国居民收入分配状况影响较大的主要体现在城乡居民收入的分配状况，应该说这是属于我国收入分配问题较为特殊的地方，回顾我国城乡收入分配变迁的历程，与我国城乡二元体制在改革开放进程中的变迁紧密相连。在改革开放的初期，市场化改革与农村土地联产承包责任制改革极大地刺激了农业经济与乡镇集体经济的发展，农村居民的收入得以大幅提升，快速拉近与城市之间的差距，此后随着城市落户政策的逐渐宽松，城乡二元社会结构逐渐被削弱，农村居民可以通过入城务工继续提升个人收入，所以说在这段时期内城乡收入差距缩小的主要原因在于农村居民收入的快速提升。之后，随着我国工业化增速的进一步加快，尤其是资本密集型的重工业的高速发展，产业结构的变动带来了劳动收入份额的下降，而农村入城劳动者的劳动素质较难在短时期内提升至与城市居民相等的程度，因此农村入城务工居民的收入相对城市居民收入的增长放缓，在这段时间内就呈现出城乡收入差距扩大的趋势。在2008年金融危机之后，各国经济都出现不同程度的减速，产业结构在需求结构变动的影响下发生转变，我国的服务业出现了较大幅度的增长，对于教育的持续投入也为我国产业结构转型输出了大量的人才，劳动收入份额在逐渐提升。加之财政转移支付的力度加大，西部大开发、脱贫攻坚和新农村建设等一系列国家战略的实施，政策效果逐渐显现，因此，在这段时期内可以看到城乡收入差距在缩小，整个社会的分配状况也得到了显著的改善。将中国的居民收入差距变迁进行梳理可以看到，收入分配的状况的变化既受到市场因素的驱动，也受到政府政策的影响，有时市场与政府的力量会混杂在一起，使问题变得更为复杂。众多学者在研究该领域的问题时，都需要预设一些典型事实和条件：一是快速城市化与再工业化，大量的社会资源在这一进程中会被集中到（被政府或市场的力量）了更有利于工业发展的基础建设部门以及有利于生产集聚的城市区域；二是在公共品供给数据有时难以取得或度量不够精准时，往往采用财政支出来代替公共品供给的程度，在这里我们也采用财政支出作为测算的依据，在数据条件较好的情况下，也会采用公共品供给的数据进行实证检验。

  根据以上城乡收入分配变化的典型事实，并总结研究者实证研究的经验，本章将针对政府公共品供给行为对城乡收入分配的作用进行实证分析。第一节，介绍本章所要用到的计量经济模型，主要是面板数据模型、动态面板模型，以及面板门槛模型；第二节介绍实证模型所使用的数据集的样本收集情况和变量测度方式等情况；第三节验证各类民生性公共品对个人收入的影响是否显著，因为这是我们所有论证的起点；第四节实证研究公共品（尤其是民生性公共品）在城乡间的分配比例对城乡收入差距的影响；第五节实证研究经济性公共品对城乡收入差距的影响。

第一节 基本方法

在本章的实证研究中,基本采用的是面板数据的计量经济模型方法,因此在本节中将逐一简要介绍将要用到的各类面板数据计量经济模型。

一、面板数据模型

面板数据模型是计量经济学模型中专门用于估计面板数据(Panel Data)的计量经济模型,面板数据最大的特点是综合了截面个体在不同时点上的样本,也就是说,这类数据在截面个体的基础上以截面个体在不同时间点上的数据为样本。

面板数据模型从估计方法上基本可以分为固定效应模型和随机效应模型,而固定效应模型如果还要细分的话还可以分为截面固定效应模型和时间固定效应模型,这里只是针对将要重点使用的"截面固定效应模型"进行讲解,截面固定效应模型的基本形式如式(5-1)所示:

$$y_{it} = \alpha_i + \beta_1 x_{1it} + \beta_2 x_{2it} + \cdots + \beta_k x_{kit} + u_{it} \tag{5-1}$$

与一般计量模型相比,面板数据模型在设定上没有很大的区别,只是变量下标出现了两个维度,模型中的截距项是可以随着截面变化而变化的。估计这个模型的基本方法是将每一个个体的截距视为一个虚拟变量,并采用组内差分的方法将组内固定效应消去,就可以利用普通最小二乘法进行估计了。

面板数据的优点可以总结为:一是可以有效地扩充样本容量,使更多的样本的特征信息可以被加以利用,使估计的结果更为可靠。二是能够利用截面个体在时间维度上的信息,每一个截面个体都在时间维度上展开后便可以得到个体特征在时间上的变化特征，也能为研究者提供另一个视角。三是利用固定效应模型，可以控制住面板数据的截面个体难以观测的特征，而且这些特征在不同个体间又是互不相同的，那么在固定效应模型的估计中就可以差分法将这些特征去除掉，从而不必担心截面异质性带来的问题，这一方法的最大优势在于既能考虑截面的异质性，也能有巧妙的办法处理这种异质性。

二、动态面板模型

动态面板数据是在静态面板数据的基础上，在回归方程的自变量中加入因变量的滞后项，形成一种新的面板数据模型形式。动态面板模型主要适用于实证检验某些存在滞后因变量影响的情形，因为某些经济现象可能具有某种惯性，例如，这里所研究的收入分配问题，可能在理论上就具有某种惯性，因此在采用动态面板模型时有可能得到更合理的结论。因此，动态面板模型作为一般的静态面板模型较好的补充和对照，可以增强实证研究结论的可靠性。

一般而言，动态面板模型的形式如式（5-2）所示：

$$y_{it} = \alpha_i + \rho y_{it-1} + \beta_1 x_{1it} + \beta_2 x_{2it} + \cdots + \beta_k x_{kit} + u_{it} \quad (5-2)$$

从模型形式上可以看出，与静态面板模型不同的是，动态面板模型加入了一个关于 y 的一个滞后项，而且这里假设滞后项的阶数为一阶，在不同的问题里滞后阶数可以由研究者根据问题本身的特点自行选择。对于动态面板模型的估计方法，主要有差分广义矩估计方法、水平广义矩估计方法、系统广义矩估计方法这三种，其本质就是利用因变量的滞后差分项作为工具变量处理内生性之后，再用广义矩估计的方法对模型进行估计。

三、面板门槛模型

面板门槛模型是新近发展出来的计量经济学方法，是对传统的计量经济十分有益的拓展。在传统的计量经济学分析框架中，其回归结果暗示着对于所有样本，解释变量对于被解释变量呈现出始终不变的影响关系（方向与大小）。这样的假定在截面数据时具有一定的合理性，只要保证样本的确出自同一母体即可。但对于面板数据，由于样本是由各截面的时序数据组成，如果将它们视为截面数据的特性显然不合理，但由于将时间因素考虑进来，所观测的影响机制存在着变化的可能（即结构性变化）。而事实上前面曾经使用过的加入交叉项的静态面板模型也不能很好地反映影响关系的"结构性变化"，因为交叉项在数值上可能混合了两种因素，并且容易产生多重共线性的问题，而其估计系数唯一，即使显著也难以有充分的理由说明二者存在更为复杂的联系。如果使用加入虚拟变量交叉项的方式造成样本分划（邹至庄检验的思想）这一做法虽在理论上是可行的，但可操作性较差，因为无法确切知道连续变量的"结构突变点"。

因此，面板门槛模型正是为了解决上述问题应运而生的。Hansen（1999）在对公司金融领域中融资约束与投资决策的关系进行研究时，考虑到理论上二者关系存在着结构变化的可能解释，因此作者以长期债务为门槛变量，以投资率为被解释变量，以总市值与总资产比率为解释变量，回归结果显示了两个门槛值的存在，并且在门槛值的前后解释变量对被解释变量的影响发生了结构变化。

式（5-3）给出了面板门槛模型的一般形式（为简单起见，以一个门槛值为例）：

$$y_{it} = \mu_i + \beta_1 x_{it} I(q_{it} \leq \gamma) + \beta_2 x_{it} I(q_{it} > \gamma) + \varepsilon_{it} \tag{5-3}$$

式中，x_{it}为解释变量；q_{it}为门槛变量（所谓门槛变量，即对模型划分样本进行估计至关重要的"标准"变量，它的选择应该依据经济问题本身的理论特点，而不是人为任意选定的）；$I(\cdot)$为一个"示性"函数，其中括号内的自变量为一个"判别式"，若括号内关系成立，则该函数取值为1，否则取0。而在面板门槛模型中，括号内的判别式即代表门槛效应的条件，其中γ为未知的待定门槛值。对于面板模型，若欲采用固定效应方法进行估计，还需要经过"组内去平均"的处理，在门槛模型的情况下，处理过程类似，先将示性函数与解释变量的乘积形式写成式（5-4）：

$$x_{it}(\gamma) = \begin{pmatrix} x_{it}I(q_{it} \leq \gamma) \\ x_{it}I(q_{it} > \gamma) \end{pmatrix} \qquad (5-4)$$

此时，面板门槛模型可以写成如式（5-5）所示更精简的形式：

$$y_{it} = \mu_i + \beta^T x_{it}(\gamma) + \varepsilon_{it} \qquad (5-5)$$

式中，$\beta^T = (\beta_1, \beta_2)$，$\beta$ 与 $x_{it}(\gamma)$ 均为二阶向量。因此，将以上精简形式按照固定效应模型的处理方法组内平均，得到式（5-6）：

$$\overline{y}_i = \mu_i + \beta^T \overline{x}_i(\gamma) + \overline{\varepsilon}_i \qquad (5-6)$$

式（5-6）中含义与一般的面板模型无异，不再赘言，但需要强调的是：

$$\overline{x}_i(\gamma) = \frac{1}{T}\sum_{t=1}^{T} x_{it}(\gamma) = \begin{pmatrix} \frac{1}{T}\sum_{t=1}^{T} \begin{matrix} x_{it}I(q_{it} \leq \gamma) \\ x_{it}I(q_{it} > \gamma) \end{matrix} \end{pmatrix} \qquad (5-7)$$

接下来，取原各面板模型与上面组内平均等式的差，得到式（5-8）：

$$y_{it}^* = \beta^T x_{it}^*(\gamma) + \varepsilon_{it}^* \qquad (5-8)$$

其中，

$$y_{it}^* = y_{it} - \overline{y}_i \qquad (5-9)$$

$$x_{it}^*(\gamma) = x_{it}(\gamma) - \overline{x}_i(\gamma) \qquad (5-10)$$

$$\varepsilon_{it}^* = \varepsilon_{it} - \overline{\varepsilon}_i \qquad (5-11)$$

最终面板门槛模型采用固定效应方法估计即等价于用最小二乘法（OLS）估计这一模型：

$$y_{it}^* = \beta^T x_{it}^*(\gamma) + \varepsilon_{it}^* \quad i = 1, 2, \cdots, N; \ t = 1, 2, \cdots, T \qquad (5-12)$$

由最小二乘法的估计公式得：

$$\hat{\beta}(\gamma) = (X^*(\gamma)^T X^*(\gamma))^{-1} X^*(\gamma)^T Y^* \qquad (5-13)$$

此时我们所关心的估计系数 β 其实是一个关于 γ 的函数，因为 γ 未知，所以 $\hat{\beta}$ 此时仍是未知的，只有先求出具体的门槛值 γ，才可以依上式计算 $\hat{\beta}$。但是这就需要知道求门槛值 γ 的原则是什么。由最小二乘法的原理知，$\hat{\beta}$ 的求解公式已经蕴含着"残差平方和最小"原则，但由于 $\hat{\beta}$ 依赖于 γ，亦即对于不同的 γ，对应着由"最小残差平方和"原理计算的 $\hat{\beta}(\gamma)$。更进一步运用"最小残差平方和"原则，在各不同 γ 下，$\hat{\beta}(\gamma)$ 使拟合的残差平方和最小，因此 γ 的求解原则一言以蔽之：

$$\hat{\gamma} = \arg\min_{\gamma} S(\gamma) \tag{5-14}$$

其中，

$$S(\gamma) = \hat{e}^*(\gamma)^T \hat{e}^*(\gamma) \tag{5-15}$$

此时，对随机误差项的方差估计公式为式（5-16）：

$$\hat{\sigma}^2 = \frac{1}{n(T-1)} \hat{e}^*(\gamma)^T \hat{e}^*(\gamma) \tag{5-16}$$

第二节　样本与数据

一、样本来源

本书实证研究的基本对象为省级单位，样本采集的时间跨度为 1990～2018 年。考虑省级单位中存在 4 个直辖市，它们在城市化背景下的城乡收入不平等变动规律存在特殊性，加之重庆成为直辖市这一变化发生在样本期内，可能会导致统计指标的不完整与偏差，因此不将 4 个直辖市的样本计算在内。同时，由于西藏自治区的地理环境特殊，加之经济发展与城市化极为滞后，引入该样本可能带来比较明显的离群值,因此也不将该样本计入在内。此外,港澳台地区也没有计入样本范围内。余下的 26 个省区作为面板数据的截面个体,其中四川省在 1997 年的数据为包含了重庆市的统计结果,考虑到总样本量较小,且研究选择的变量均为平均值或比例值,因此决定保留 1997 年以前的四川省数据,以保证样本量的充足。

2008 年之前的数据大部分取自《新中国 60 年统计资料汇编》(以下简称《汇编》),但由于该资料最晚统计年份为 2008 年,故 2009~2018 年的数据通过查阅各省区的统计年鉴进行补充。由于《汇编》与各省统计年鉴也未能完全覆盖本研究所需要的所有变量,对于所需要的其他变量以及具体变量存在缺漏的数据,通过查阅《中国人口与就业统计年鉴》《中国财政统计年鉴》《中国教育统计年鉴》《中国卫生统计年鉴》《中国劳动统计年鉴》来获取。最终形成一个拥有 26 个截面个体、29 年时间跨度、包含了 115 个变量的省级面板数据。

二、数据处理

鉴于采集得到的数据为原始总量数据,且来自多个不同的统计年鉴,难免存在统计口径不一、统计单位存在差异等问题。而若忽视这些问题,将会给实证研究带来很大的影响,为了保证研究的可靠性,本书对多个变量采取了如下处理措施,并对数据的选择进行如下说明:

对于人口统计数据。城市户籍人口数据以非农业人口代替,该数据统计较为完整翔实。而对于常住人口数据,大部分省区在样本期内都可以查到较为精确的统计数据,其中河北、辽宁、福建、广东、四川、宁夏这几个省区存在常住人口统计数据在 2000 年以前大量缺失的情况,因此采用"平滑法"补齐,对于完全缺失的样本只能使用户籍人口作为替代。另外,对于某些省份(如广西、陕西)的省级统计年鉴中记录的 20 世纪 90 年代中期常住城镇人口数明显高于其后所有年份的情况，认定其为异常值予以删除，并用"平滑法"补齐。

对于地区生产值数据。因为涉及的时间期限比较长，必须对各省区生产总值及各分项生产总值进行平减。对于地区生产总值（GRP）、三产生产总值、工业与服务业生产总值、人均地区生产总值数据按各生产总值指数进行平减计算（各生产总值指数均以1952年为基期）。同时，固定资产投资额以各省区的固定资产投资价格指数（环比）进行平减。

对于城乡居民收入数据。已有文献（Sicular 等，2002；李实和罗楚亮，2007）便已经指出由于城乡居民在消费场所的区域存在差别，而收入转换为效用的途径即为消费，因此需要通过城乡消费品价格指数（环比）对城乡居民的人均年收入进行平减，这样才能准确地反映城乡居民用于消费的"收入"差别。

对于出口数据与金融贷款数据。在《汇编》中即出现了各省区间单位不统一的情况。广东省在统计进出口总值以及外商直接投资时，即采用"亿美元"为单位统计，而其他省份均采用"万美元"为单位计算，需要统一为"亿美元"才能便于后续计算。除此之外，金融贷款（包括总贷款、工业企业贷款、商业企业贷款、农业贷款）的统计单位各省区间也存在差异，安徽、湖北、广东、青海四个省份均以"亿元"为单位进行统计，而其余省份则以"万元"为单位统计，因此也应将它们的单位统一为"亿元"，以便于后续计算。

对于财政支出数据。经过查阅相关资料与文献后发现，财政支出的统计口径在2007年前后发生了重大调整，在2007年以前（财政部在2007年6月出台了财政收入核算新标准），财政统计数据中各分项支出数据是不包括发生在该项范围内的基础建设支出的，而调整后则将基础建设支出计入各分项中。

对于其他变量因各种原因出现的离群值与缺漏值都做了处理。对于处于连续时间上离群值或缺漏值，采用其前后两年的数据取均值来弥补；对于样本期限边缘的离群值或缺漏值，统一以缺漏值代替。

第三节 公共品供给对个人收入的影响

在本节中，重点要验证公共品对个人收入的作用。但是鉴于数据资料的可得性，无法直接观测到公共品对具体个人的影响，当然，这一点是与本书第六章要讨论的公共品的受益归宿其实正适用于这个问题，当然由于数据和方法上受限，还较难直接准确估算的，因此这里还是使用传统的计量经济学的方法进行一个粗略的估计。而这里只能采用间接的方式来测度，即只能观测到个人的特征，并且粗略认为这就是公共服务提供给个人的，例如，我们能观测到个人的教育年限，但是归因于公共服务的程度就无法分辨，我们只能认为这些教育资源都来自政府的公共投入。而且，在本小节的实证研究中，将分别对城镇和农村居民的特征与收入进行回归，这是因为本书主要从城乡视角来探讨收入分配问题，所以自然需要从城乡两个方面都进行实证分析，而且城乡的样本不进行混合回归，我们假设城市居民和城乡居民的行为特征是一样的，他们对于公共品供给反应被假设是不一样的。

一、样本选择与数据处理

（一）样本选择

本节采用中国家户营养与健康调查数据库（CHNS）提供的 2000~2009 年间关于家户收入、特征等方面的数据构建非平衡微观面板数据。该数据库包含了中国九个省份的家户与个人信息，样本中所包含的省区在地理上涵盖了中国的东、中、西部；经济上包括了发达的沿海省份、快速增长的中部省份，以及欠发达的落后省份；人口分布方面则主要覆盖了中国人口稠密的主要区域，可以说能较为合理地反映目前我国居民及家户的主要个体特征和经济特征。而且样本的调查期限主要选择在最近十年之内，能够反映出最新的收入分配特征（限于数据公布的时间，之前也有一些文献使用2006年之前的调查数据），本书还加入了2009年的调查数据，扩大了样本期限。但值得注意的是，该数据并非连续年份做出的数据统计，调查年份依次为2000年、2004年、2006年、2009年。因此，以上的说明表示本书所采用的样本数据能够较为全面、合理地代表全国总体的情况。

（二）数据处理

鉴于本节研究的问题，主要从CHNS中提取了代表家户收入及行为特征的一些变量，其中涉及家户代码、调查年份、所在地（省份与城乡）、收入、男性比重、家庭劳动人口平均年龄、家庭劳动人口平均受教育程度、老龄人口比重、资产状况、工作类型等变量，并对变量进行处理，表5-1为数据采集和处理的说明：

表5-1 CHNS数据库数据采集与处理

变量名	说明	处理方式及说明
收入	家庭年人均收入	借鉴前人研究的基本经验，在利用微观数据计算收入时，主要需考虑农村住户对自有产出的消费，因此加入该类消费的折算价值记为农户收入，并在计算家庭成员时删去了年龄小于16岁的青少年样本，以避免人均劳动收入计算的偏差
男性比重	家庭中男性成员比重	家庭中大于16岁劳动成员中男性成员人数占全体劳动成员的比重（劳动成员年龄介于16岁至65岁之间的家庭成员）
平均年龄	家庭劳动人口平均年龄	家庭中大于16岁劳动成员的平均年龄
老龄人口比重	家庭中老龄人口比重	家庭成员中年龄大于65岁的家庭成员数量占家庭成员数量的比重
受教育程度	家庭人口平均受教育程度	数据库中只提供个人最高受教育程度，从无到大学总共分为6个层次，未将其数量化，按正常的教育年限折算个体受教育的总年数，并除以家庭劳动人口数量

续表

变量名	说明	处理方式及说明
资产状况	家庭拥有财产的数量	对于我国居民，财产主要以房产形式存在，数据库中已统计了城镇家庭房产年出租租金收入，可以将此项作为财产的代理变量；农村居民的财产还有一项为土地，以土地拥有的数量作为家庭资产的另一项来源，因为不能与房产年租金比较，用于农村内部不平等分解分析
工作类型	职业类型	数据库将个人从事的职业类型分为了16种，但没有行业的信息。这里为了能估计家庭平均的从业状况，以无业为基准生成职业虚拟变量，将家庭成员的从业状况虚拟变量相加，得到家庭平均从业状况的描述
城乡	居住地属于城镇或农村	设置家庭城乡虚拟变量，城镇为1，农村为0
省区	居住地属于哪一省区	以贵州省为基准设置省去虚拟变量
年份	以2002年设立虚拟变量	2000年的样本为0，2004年、2006年、2009年为1，这样做的目的是考察从2003年开始的新型农村合作医疗所产生的影响

二、模型设定与估计

为研究这一问题，首先应该选择回归方程的基本形式。Morduch和Sicular（2002）在总结了前人使用回归分析法分解不平等的模型设定之后，提出了采用完全线性的模型，避免了使用对数或半对数模型产生的偏误，并且实证比较了几种方法对同一样本数据估计的区别。本书借鉴收入不平等分解模型的形式作为我们估计模型的基本形式，而且倾向于选择完全线性的回归方程设定形式，分别对城镇样本、农村样本进行回归，当然在回归时各方程包含的影响因素略有区别，而且还需要强调的是这里使用受教育程度作为政府公共品供给的代表，式（5-17）和式（5-18）是两个回归方程设定的基本形式：

城镇内部回归方程：

$$inc_{it} = \beta_0 + \beta_1 edu_{it} + \beta_{11} edu_{it}^2 + \beta_2 age_{it} + \beta_{22} age_{it}^2 + \beta_3 male_{it} + \beta_{33} male_{it}^2 +$$

$$\beta_4 \text{old}_{it} + \beta_{44} \text{old}_{it}^2 + \beta_5 \text{province}_{it} + \beta_6 \text{job}_{it} + \beta_7 \text{asset}_{it} + \varepsilon_{it} \qquad (5-17)$$

农村内部回归方程:

$$\text{inc}_{it} = \beta_0 + \beta_1 \text{edu}_{it} + \beta_{11} \text{edu}_{it}^2 + \beta_2 \text{age}_{it} + \beta_{22} \text{age}_{it}^2 + \beta_3 \text{male}_{it} + \beta_{33} \text{male}_{it}^2 +$$

$$\beta_4 \text{old}_{it} + \beta_{44} \text{old}_{it}^2 + \beta_5 \text{province}_{it} + \beta_6 \text{land}_{it} + \beta_7 \text{year2002} + \beta_8 \text{asset}_{it} + \varepsilon_{it}$$

$$(5-18)$$

上述两个模型的设定基本形式保持一致,但在变量的选择上存在细微的差别,对于反映个体家户特征变量的两个方程均选择家庭中劳动人口的平均受教育程度(edu)、家庭中劳动人口的平均年龄(age)、家庭劳动人口中男性成员的比重(male)、家庭人口中老龄人口比重(old)这四个变量的一次项及二次项来表示;除此之外,两个回归方程中都考虑了财产拥有程度(asset)的影响,而对于农村样本而言,家户的土地拥有状况(land)也至关重要;另外,在两个回归方程中都同样控制了省际差异(province)的影响;并且对于城市样本,没有加入代表2002年的时间虚拟变量,而只是在农村回归方程中考虑了新型农村合作医疗的影响。鉴于后续分解操作的可行性,两个回归模型都没有加入时间控制变量。经过比较,因为微观面板数据中截面的异质性并不大,加之已经控制了很多家户特征,因此拟采用混合普通最小二乘法(Pooled-ols)对上述三个回归方程进行估计。

(一) 城镇内部回归方程的估计结果

首先,利用2000~2009年的CHNS面板数据中城镇家庭住户的数据进行回归分析。由于影响城镇家户的因素与农村显著不同,因此这里所采取的变量设定方式为:家户特征变量具有同样的设定,并同时包含一次项与二次项,且为了更准确地反映城镇居民的收入影响因素,加入了家户劳动成员所处职业的情况,由于一共有15个职业虚拟变量(以无业为基准变量),如果一一加入会使模型的变量过多,从而影响模型估计的有效性。因此,将职业虚拟变量设置为三组虚拟变量，分别为高技能职业、低技能职业和管理岗位（其中包括公务员及企业管理者），并将一家人的职业状况虚拟变量相加，求出家户平均值，重新生成一个家户的三个职业虚拟变量。除此之外，不再加入反映农村医疗体制改革的2002年时间虚拟变量，但仍加入省份虚拟变量，以观测地区对收入分配的影响。表5-2为城镇住户回归模型的估计结果。

表5-2 城镇住户收入回归方程的估计结果

	模型1	模型2	模型3
平均受教育程度	645.883***	-215.592	-145.791
	(77.837)	(267.039)	(269.323)
平均受教育程度二次项		50.126***	46.421***
		(14.867)	(14.981)
平均年龄	266.474***	239.770***	-58.516
	(32.126)	(33.014)	(158.327)
平均年龄二次项			3.176*
			(1.649)
男性人口	218.025	449.667	519.333
	(1461.784)	(1459.956)	(1459.502)
老龄人口	-3499.877***	-3804.628***	-5294.328***
	(1149.945)	(1150.789)	(1385.915)
财产	5.833***	5.864***	5.926***
	(0.556)	(0.554)	(0.555)
管理职位	11028.430***	10159.570***	10296.457***
	(1213.983)	(1238.233)	(1239.506)
高技能职业	12107.411***	10728.690***	10919.460***
	(1290.181)	(1350.531)	(1353.325)
低技能职业	4746.486***	4645.189***	4767.196***
	(887.658)	(886.076)	(887.791)
省份	控制	控制	控制
观测个数	2209	2209	2209
AR-squared	0.228	0.232	0.233

注：*** 表示 $p<0.01$，** 表示 $p<0.05$，* 表示 $p<0.1$。

经过比较,选择模型1作为对现实拟合得比较好的模型。代表家户特征的变量而言,回归的估计结果都与常识和预期相符:平均受教育程度、平均年龄、男性比重都对家户平均收入有显著正向影响,而家户中老龄人口的比重则对家户平均收入产生负向影响。同时,三种职业类型都显著影响家户平均收入,而且加之无业者,高技能收入者的收入最高,管理层职位次(包括政府公务人员),低技能劳动者最低,这与现实中的观察高度相符,其余两个模型事实上也反映出同样的事实,也可以作为结论稳健性的依据。

（二）农村内部回归方程的估计结果

接下来,来验证农村内部样本的情况。影响农村住户收入的因素也与同城镇住户回归略有不同。其中,最显著的变化在于加入对农村住户土地拥有状况的考察,其回归的估计结果如表5-3所示。

表5-3 农村住户收入回归方程的估计结果

	模型1	模型2	模型3
平均受教育程度	452.693*** (60.579)	143.009 (192.321)	277.985 (204.278)
平均受教育程度二次项		25.080* (14.878)	-0.173 (15.798)
平均年龄	62.285*** (18.004)	444.048*** (124.332)	326.701*** (125.546)
平均年龄二次项		-4.132*** (1.322)	-3.303** (1.345)
男性人口	4811.017*** (903.107)	-8283.137** (3399.235)	-4367.329 (3394.385)
男性人口二次项		10533.355*** (2701.752)	6448.711** (2746.289)
老龄人口	-2206.056*** (713.059)	-8628.668*** (1972.414)	-8195.219*** (2133.898)

续表

	模型1	模型2	模型3
老龄人口二次项		8980.293***	8658.558***
		(2294.986)	(2462.766)
土地	158.354***	159.726***	144.827***
	(15.213)	(15.168)	(17.739)
财产			3.497***
			(0.545)
省份	控制	控制	控制
2002年虚拟变量	4411.759***	4294.620***	2515.045***
	(338.943)	(339.844)	(316.960)
常数项	-2884.116***	-6622.217**	-4042.966
	(1095.345)	(3024.834)	(3019.069)
观测个数	5243	5243	2795
AR-squared	0.104	0.110	0.124

注：*** 表示 $p<0.01$，** 表示 $p<0.05$，* 表示 $p<0.1$。

由表5-3基于农村家户面板数据的模型1回归结果表明，对于农村住户而言，男性人口的比重将在很大程度上影响农村家庭的收入，而且土地的拥有量也显著地正向影响着农户家庭的平均收入。并且2002年虚拟变量的系数显著为正，这表明在对农村样本的特定考察中，农村医疗保障体制改革（农村新型合作医疗体制的建立）可以显著影响农村住户的收入。而且对于我们所关注的教育水平，其与收入的关系，其估计系数也显著为正，说明教育水平也是对农村居民家庭的收入有很明显的正向影响的。

综上所述，从以上对城镇微观家庭样本和农村微观样本的回归分析的结果可以看出：无论是对于城镇家庭还是农村家庭，教育对收入的作用都是非常重要的，而且在农村居民家庭的回归模型中加入了2002年的时间虚拟变量，用以反映新农合在其中的作用，从回归的结果看回归系数也显著为正，对农村居民收入起到了很积极的作用。因此，实证研究的结论表明，以教育和医疗为代表的公共品供给水平对于城乡居民的收入有十分积极的作用,从公共品供给的视角研究收入分配的问题具有现实依据和意义。

第四节 公共品城乡供给与城乡收入分配

在现有文献中,已经有大量研究从城乡人力资本差距的视角探讨城乡收入差距的影响(解垩,2007;郭剑雄,2005;陆云航,2006;陈斌开等,2010)。因此,本节也将重点对民生类公共品对收入分配的影响进行实证研究。

首先,将民生性公共品进行分类,分别对教育与医疗的收入分配进行实证分析;其次,将联合考虑公共品(只考虑民生性的公共品)在城乡间的分配,针对其对城乡收入分配的影响进行研究。解垩(2007)从财政分权的视角,将公共品供给的城乡分配问题引入城乡收入分配的分析框架中,文中采用城乡教育经费投入比作为衡量城乡教育公共品差异的指标,将城乡床位数比例作为衡量城乡卫生公共品差异的指标,并将财政分权指标引入共同解释它们对城乡收入差距的影响。大量探讨公共品或财政支出结构的文献中对这一问题往往采用这种方式予以解释,通过判断公共品供给城乡偏向来解释某一项公共品供给影响的效应。在这里,也参照这样的做法,使用最新收集的省级面板数据集,将这一影响的机制作进一步的引申,把它置于城市化进程这一背景之下讨论民生性公共品(卫生、医疗)城乡分配的偏向将会对城乡收入分配产生怎样的影响。

一、基础教育服务、基础医疗服务与城乡收入分配

从绝对水平上测度教育、医疗的公共品供给对城乡收入分配的影响。教育

和医疗是民生性公共品中对人力资本形成和保障最重要的两项,政府财政支出中这两项始终占比较大(教育支出在全国与各地的一般公共预算支出中占比最大)。它们对收入分配也会相应具有较强的作用,下面就用1990~2018年省级面板数据进行实证检验。

(一)模型设定

参考文献中的做法,模型的基本设定形式仍采用线性形式:

$$incdis_{it} = \beta_i + \beta_1 edu_{it} + \beta_2 health_{it} + \beta_3 icontrol_{it} + \varepsilon_{it} \quad (5-19)$$

式中,被解释变量incdis依然为两种方式测算的城乡收入分配(比例法的城乡收入差距、泰尔指数法的城乡收入差距),解释变量设定为两个,分别是教育公共品供给水平(edu)和医疗卫生公共品供给水平(health)。其余控制变量的选取为城市化水平、经济发展水平、工业化程度、服务业发展程度、经济外向度。回归样本仍采用1990~2018年省级面板数据,由于本章第三节已经对数据和样本进行了详细介绍,因此,这里对控制变量与样本问题不再赘述。

(二)变量的说明

对于本节拟研究的问题,解释变量和其他控制变量详细说明如下:

(1)城乡收入分配:这里采用比例法与泰尔指数两种方法测度城乡收入分配状况。比例法也就是将城镇居民的收入水平除以城市居民的收入水平,比例越大,差距越大;泰尔指数就是利用第四章列出的测度测算城乡收入分配的状态,较之比例法,该方法充分考虑了人口在城乡分布的因素,也是文献中较常使用的成熟的测度方法。这里两种测度方式都作为回归的被解释变量,作为相互的参照和对比,以保证结论的稳健性。

(2)教育公共品供给水平:采用真实的公共品供给指标进行度量,这里选取小学教师人数占总人口的比例来表示,之所以选用小学教师,是因为政府提供的公共服务一般是基础性公共品,教育投入中基础教育的投入是政府的主要职能,因此采用小学教师人数占人口比例代表该地区教育公共品供给水平。

(3) 医疗卫生公共品供给水平:在相关文献中,通常采用"每万人的病床数量"和"每万人的执业医师人数"为度量的指标,这里采用"每万人的病床数量"作为度量医疗卫生公共品供给水平的指标。

(4) 城市化水平:"城市化"问题为本书的研究背景,公共品供给水平正是在此背景下显示出对城乡收入分配的影响。如果设想一个城乡完全分割的情况,在本书理论部分所探讨的影响机制将会失效,同时,对于城乡收入分配这一被解释变量的指标构造中,也会体现出人口城市化影响的因素(如泰尔指数的构造就体现了人口比例的因素),因此拟选择城市化作为控制变量进入模型,并且采用城镇常住人口占总人口比重作为主要指标。

(5) 经济发展水平:在绝大多数文献中均将"经济发展水平"作为控制变量。这是因为某一地区的经济发展程度必然对城乡发展模式造成影响,经济发达地区的城市经济的溢出效应更为明显,甚至可能改变农村地区的经济发展模式。参考大多数文献的做法,本书采用"人均地区生产总值的对数值"衡量一地经济发展水平。

(6) 工业化水平:"工业化程度"主要是用于控制各省区工业发展水平的差异。由于各地发展策略和模式选择的差异,工业化程度更高的地区可能会具有更高要素集聚特点,并且可能反映由当地资源禀赋条件以及政府发展战略决定的经济增长模式,这一影响是决定城乡收入分配的关键因素。本书采用工业产值与地区生产总值之比来衡量工业化程度。

(7) 服务业水平:与"工业化程度"类似,服务业发展水平也因具有上述特征而被引入模型。而且考虑到服务业绝大部分都集中于城镇,而进城务工的人群也会大量从事服务行业,它的发达程度可能直接关系着农村居民的收入水平。本书采用第三产业产值与地区生产总值之比来衡量服务业发展水平。

(8) 经济外向度:出口是目前我国经济增长的另一引擎。各地展开如火如荼的基础设施建设竞赛其实就是为了争夺愈发稀缺的外商投资,并争相在税费、营商环境、市场地位等方面为外资提供优惠和便利。许多研究都指出这种对外资一味纵容的态度可能不利于本土企业的成长(黄亚生,2005)。但同时应该看到,外资或外需所创造的大量就业直接带动了农村居民的收入增长,吸引了大批农民进城打工甚至定居创业(毛其淋,2011)。至于城镇居民从中受惠程度则不易判断与测度。因此,需要加入该变量以控制外向型经济对城乡收入分配的影响。这里采用一地区出口总值与地区生产总值之比来衡量。

(三)实证方法与实证结果

在这里采用面板数据模型估计中较为常用的固定效应模型进行估计,使用固定效应模型是考虑到样本中26个省份(截面个体)具有较强的异质性,但是这样的异质性又难以控制,因此需要用固定效应来处理这一问题。为了对比不同模型设定的情况,这里共列出4种模型设定,不同的模型代表不同的控制变量,如表5-4所示。

表5-4 公共品供给水平与城乡收入分配(泰尔指数法)

估计方法	城乡收入差距(泰尔指数法测算)			
	FE	FE	FE	FE
教育公共品	-0.001***	-0.000	-0.000	-0.000
	(0.000)	(0.000)	(0.000)	(0.000)
医疗卫生公共品	-0.002***	-0.002***	-0.002***	-0.002***
	(0.000)	(0.000)	(0.000)	(0.000)
城市化	0.146***	-0.062***	-0.090***	-0.080***
	(0.015)	(0.023)	(0.023)	(0.023)
经济发展水平		0.026***	0.011***	0.011***
		(0.002)	(0.003)	(0.003)
工业化水平			0.273***	0.265***
			(0.035)	(0.035)

续表

估计方法	城乡收入差距（泰尔指数法测算）			
	FE	FE	FE	FE
服务业水平			0.347***	0.351***
			(0.042)	(0.042)
经济外向度				-0.000***
				(0.000)
常数项	0.172***	0.227***	-0.002	-0.008
	(0.014)	(0.013)	(0.030)	(0.030)
观测数	698	698	672	672
截面个数	26	26	26	26

注：*** 表示 $p<0.01$，** 表示 $p<0.05$，* 表示 $p<0.1$。

由于测度指标的原因，城乡收入分配指标越大则代表分配状况越不均等，因此从回归的结果来看，教育公共品与医疗卫生公共品供给的水平对于城乡收入分配都有积极的作用，都能起到缩小城乡收入差距的作用。为了更进一步检验这个结论的稳健性，需要进行实证结果的稳健性检验。

（四）稳健性检验

对于该回归结果的稳健性检验，与原模型相比，不同之处在于被解释变量城乡收入分配采用比例法进行测度。其实证结果如表5-5所示。

表5-5 公共品供给水平与城乡收入分配（比例法）

估计方法	城乡收入差距（泰尔指数法测算）			
	FE	FE	FE	FE
教育公共品	-0.017***	-0.009***	-0.010***	-0.010***
	(0.002)	(0.002)	(0.002)	(0.002)
医疗卫生公共品	-0.023***	-0.026***	-0.024***	-0.023***
	(0.001)	(0.001)	(0.002)	(0.002)
城市化	1.931***	-0.207	-0.516**	-0.491*
	(0.162)	(0.263)	(0.261)	(0.266)

续表

估计方法	城乡收入差距（泰尔指数法测算）			
	FE	FE	FE	FE
经济发展水平		0.264***	0.108***	0.109***
		(0.027)	(0.033)	(0.033)
工业化水平			2.937***	2.874***
			(0.395)	(0.396)
服务业水平			3.612***	3.610***
			(0.472)	(0.474)
经济外向度				−0.000
				(0.000)
常数项	3.606***	4.168***	1.764***	1.754***
	(0.154)	(0.154)	(0.342)	(0.343)
观测数	698	698	672	672
截面个数	26	26	26	26

注：*** 表示 $p<0.01$，** 表示 $p<0.05$，* 表示 $p<0.1$。

从稳健性检验的结果来看，基本的结论还是较为稳健的。教育公共品的供给水平与医疗卫生公共品的供给水平是能够较为显著地改善城乡收入分配状况的。这一结果可能意味着民生性公共品的供给是对于低收入群体较为有利的，否则也不会起到优化收入分配的作用，因此加大民生性公共品供给的绝对水平也是一个改善收入分配的有效手段，这也是这一结论的政策意义。

二、民生性公共品供给城乡分布与城乡收入分配

对于民生性公共品对收入分配的影响，更多的研究者是以公共品在城乡供给差别为视角进行研究的，这一视角更为直接和便于理解，这也是对该主题研究的主要方向，因此在这里也将开展类似的研究，以期更完整地展示民生性公共品供给的作用。

(一) 模型设定

参考文献中的做法，模型的基本设定形式仍采用线性形式：

$$incdis_{it} = \beta_i + \beta_1 edugap_{it} + \beta_2 icontrol_{it} + \varepsilon_{it} \quad (5-20)$$

式中，被解释变量 incdis 依然为两种方式测算的城乡收入分配（比例法的城乡收入差距、泰尔指数法的城乡收入差距）；解释变量设定民生性公共品的供给的城市偏向，这里采用教育公共品供给城市偏向为代表（edugap）；其余控制变量的选取为城市化水平、经济发展水平、工业化程度、服务业发展程度、经济外向度。回归样本仍采用 1990~2018 年省级面板数据，由于本章第三节已经对数据和样本详细介绍，因此这里对控制变量与样本问题不再赘述。

(二) 变量的说明

对于本节拟研究的问题，被解释变量、解释变量和其他控制变量详细说明如下：

城乡收入分配：这里仍采用比例法与泰尔指数法两种方法测度城乡收入分配状况。比例法也就是将城镇居民的收入水平除以城市居民的收入水平；泰尔指数法就是利用第四章列出的测度测算城乡收入分配的状态。这里，两种测度方式都作为回归的被解释变量，作为相互的参照和对比，以保证结论的稳健性。

民生性公共品供给的城市偏向：在这里采用教育公共品供给城市偏向为指标。衡量教育公共品在城乡供给偏向，文献中采用最多的方式主要有两种：一种通过查阅《中国教育经费统计年鉴》得到城乡教育经费投入比，但该年鉴中的统计口径泛指高中教育以及高等教育投入的总经费投入，由于高中与高校多集中于城镇地区，因此这种指标选取方式可能会高估城乡教育公共品供给的偏向；另一种方式则直接以代表性公共品供给量来衡量，如一城乡中小学生入学人数之比来衡量，这样做尽管可能只关注了教育公共品的某一方面，难以做到全面反映城乡差距，但是这样的指标直接反映了公共品的供给实务，较之财政投入要更为直接。

综合以上两种指标构造方式的优点，这里拟采用"城市小学师生比与农村小学师生比的比值"作为衡量教育公共品的城乡分配偏向程度的指标，这种指标构造方式主要基于以下两点考虑：其一，小学教育属于义务教育，具有强制性，其供给的责任主体是政府，家庭的投入较少，因而可以在一定程度上避免因城乡家庭收入差距促进城乡教育不平等扩大而造成内生性难题；其二，单纯使用小学生入学人数或人数比来衡量，也可能因城乡人口出生率的差异导致低估教育公共品的城乡偏向程度。综合以上两方面理由，本书的研究在该变量的选取上还是较为合理的。还需强调的是，《中国教育统计年鉴》中给出了城市、县镇以及农村三级地区的小学在校学生数与小学教师人数，在划分城乡界限时，考虑到农村小学生事实上很大一部分在镇中心学校或县级小学就读，因此将县镇层面的数据与农村层面的数据合并，可以共同反映农村地区教育公共品供给的状况。数据通过查阅《中国教育统计年鉴》而得。

除此之外，在控制变量方面，除保留前一小节实证中选取的全部控制变量之外，根据本实证研究的需要，拟加入一项反映城市化进程中偏向农村教育公共品供给的"特殊"变量，即"职业教育的供给"。其特殊性在于，它的供给主要集中于城镇（城市），却对农村居民收入提高有较大的帮助。该变量使用职业中学教师人数与职业中学学生数之比来作为衡量指标。而且，该变量作为控制变量，从另一个侧面反映了某地区在城市化进程中政府对于农村居民收入分配份额的政策倾斜力度。

（三）实证方法与实证结果

在这里仍是采用面板数据模型估计中较为常用的固定效应模型进行估计，为了对比不同模型设定的情况，这里也列出四种模型设定，不同的模型代表不同的控制变量。被解释变量采用泰尔指数法测算。实证分析的结果如表 5-6 所示：

表5-6 民生性公共品供给城乡偏向与城乡收入分配（泰尔指数法）

估计方法	城乡收入分配（泰尔指数法）			
	FE	FE	FE	FE
教育城乡差距	0.041***	0.029**	0.033***	0.033***
	(0.010)	(0.011)	(0.011)	(0.011)
职业教育	-0.135***	-0.090**	-0.090**	-0.092**
	(0.036)	(0.040)	(0.038)	(0.039)
城市化	0.082***	0.010	-0.029	-0.033
	(0.023)	(0.032)	(0.032)	(0.033)
经济发展水平		0.012***	-0.005	-0.005
		(0.004)	(0.005)	(0.005)
工业化水平			0.290***	0.288***
			(0.053)	(0.053)
服务业水平			0.358***	0.358***
			(0.057)	(0.057)
经济外向度				0.000
				(0.000)
常数项	0.071***	0.111***	-0.127***	-0.126***
	(0.013)	(0.018)	(0.040)	(0.040)
截面个数	26	26	26	26

注：*** 表示 $p<0.01$，** 表示 $p<0.05$，* 表示 $p<0.1$。

从以上回归结果来看，作为民生性公共品代表的教育公共品城市供给偏向系数为正，代表民生性公共品越是偏向城市越不利于优化城乡收入分配状况，这一结论与我们的观察是比较吻合的。

（四）稳健性检验

对于以上实证分析的结论，还需要再进行稳健性检验，将被解释变量的测度指标替换成比例法测算的指标，其结果如表5-7所示。

表 5-7 民生性公共品供给城市偏向与城乡收入分配（比例法）

估计方法	城乡收入分配（比例法）			
	FE	FE	FE	FE
教育城乡差距	0.447***	0.301**	0.299**	0.327***
	(0.119)	(0.130)	(0.125)	(0.126)
职业教育	-1.831***	-1.316***	-1.261***	-1.329***
	(0.418)	(0.461)	(0.433)	(0.436)
城市化	1.062***	0.224	-0.325	-0.484
	(0.263)	(0.371)	(0.360)	(0.371)
经济发展水平		0.138***	-0.060	-0.053
		(0.047)	(0.053)	(0.053)
工业化水平			4.191***	4.054***
			(0.604)	(0.606)
服务业水平			4.134***	4.116***
			(0.646)	(0.647)
经济外向度				0.000
				(0.000)
常数项	2.193***	2.652***	-0.326	-0.277
	(0.147)	(0.204)	(0.458)	(0.458)
截面个数	26	26	26	26

注：*** 表示 $p<0.01$，** 表示 $p<0.05$，* 表示 $p<0.1$。

稳健性检验结果说明，以上面板模型的结论是较为可靠的。无论从解释变量还是关键的控制变量均没有出现符号上的显著变化。

（1）教育公共品城市供给偏向：每一个模型其系数符号显著为正，这说明偏向于城市的教育基本公共服务的供给存在偏差，以目前城市化水平，还应该持续地向农村地区加大基本教育投入力度，这是造成目前我国城乡收入差距的主要原因，尽管相对于工业化来说，我国的城市化水平较为滞后，但对于城乡公共品供给能力而言，现有的制度安排与城市化进程可能又显得超前了。

（2）职业教育：其系数显著为负，这与理论的预期是完全相符的，这说明在目前发展模式的背景下城市化势在必行,而如何做到将发展的成果在全民间合理分配,完全取决于与城市化政策相适应的人力资本培育政策。如果说在农村地区存在着公共品供给的低效问题(黄亚生,2011),那么在城市中配给更多倾斜于进城农业人口就业的资源,让青壮年农村居民的知识体系顺畅地与现代产业体系、服务体系接轨,不啻一条效率与公平兼顾的可行途径。

(3)城市化:原模型中其系数为负,尽管在原模型和稳健性检验中表现并不显著,但在数值上也为负。在控制了众多因素后,该结论显示出城市化的确是目前解决城乡收入差距的重要途径,但是它的效果将会依赖于政府在城乡间配置公共品的政策偏向,这里可以先提出一个观点(猜测),即城乡间越均等的教育公共服务政策,越有利于城市化改善城乡居民的收入分配状况。

(4)其他控制变量的结论在原模型与稳健性检验模型中差别也不大。需要强调的是,在以上模型中,经济发展水平和工业化水平对于城乡收入分配有改善作用,这与根据现实经验判断是相近的,也就是说,一定的物质基础和财富基础才能较为有力地改善城乡收入分配。

但是在估计结果中,服务业发展水平这个变量的系数不大符合理论的预期,正如我们前面理论上所分析的那样,服务业发展是应该有利于城乡收入差距缩小的,因为服务业是城市中最有利于吸收农村入城务工劳动力的,因此越发达的服务业越应该有利于农村居民收入情况。之所以这里检验的结果与理论预期不符,其可能是由于其与其他变量之间有比较强的共线性问题,造成估计结果不一定反映出真实的影响。同时,经济外向程度的影响效应并不显著。

(五)动态面板模型

这里继续进行民生性公共品对于城乡收入分配影响的实证分析。以上是通过静态面板模型进行检验,现在我们考虑"城乡收入分配"可能具有较强的序列相关特征,将采用动态面板模型对上述变量设定进行估计。当然,动态面板模型需要引入"城乡收入分配"的一阶滞后项作为解释变量。这里采用适用性较为广泛的"系统广义矩估计"方法进行估计,此处也仍关注民生性公共品供给地城市偏向,其基本模型形式如式(5-21)所示:

$$\text{incdis}_{it} = \beta_i + \gamma \text{incdis}_{it-1} + \beta_1 \text{edugap}_{it-3} + \beta_2 \text{control}_{it} + \varepsilon_{it} \qquad (5-21)$$

实证检验的估计结果如表5-8所示。

表5-8 民生性公共品供给城市偏向与城乡收入分配(动态面板)

估计方法	城乡收入分配（泰尔指数法）			
	FE	FE	FE	FE
城乡收入分配一阶滞后项	0.871*** (0.010)	0.916*** (0.019)	0.883*** (0.019)	0.888*** (0.023)
教育城乡差距	-0.012*** (0.004)	0.010*** (0.003)	0.025*** (0.005)	0.031*** (0.006)
职业教育	0.042** (0.018)	-0.200** (0.089)	-0.135 (0.085)	-0.118 (0.091)
城市化	0.003 (0.014)	0.179*** (0.017)	0.017 (0.021)	0.016 (0.027)
经济发展水平		-0.029*** (0.002)	-0.039*** (0.002)	-0.039*** (0.003)
工业化水平			0.337*** (0.032)	0.337*** (0.031)
服务业水平			0.491*** (0.029)	0.489*** (0.030)
经济外向度				-0.000 (0.000)
常数项	0.028*** (0.002)	-0.057*** (0.011)	-0.327*** (0.023)	-0.335*** (0.024)
截面个体	26	26	26	26

注：*** 表示 $p < 0.01$，** 表示 $p < 0.05$，* 表示 $p < 0.1$。

从表5-8的实证结果来看,动态面板模型的结果基本上支持了固定效应模型的结论，对于教育公共品的城乡供给偏向，其系数估计为正，而且估计的结果比较显著，这说明主要结论还是比较稳健的；但此时城市化的估计系数发生了不太稳健的变化，系数变为正数，考虑到可能是城市化、人均地区生产值、工业化水平等变量间具有一定的多重共线性问题，动态面板模型对这一问题似乎更为敏感，因此这并不足以否认在静态面板中得出的结论；经济发展水平的系数显著为负，这一点还是比较稳健的，说明讲求效率与追求公平之间并不矛盾；工业化发展水平对于城乡收入分配也是显著不利的，这一点也与静态面板模型的结论是一致的。

第五节　经济性公共品与城乡收入分配

在从计划经济模式向市场机制过渡之路上，中国已经摸索前行了40多年。具有显著特征的是，我国政府对国民经济生活具有较强的控制与干预能力，政府将如何运用掌握的大量社会经济资源，将在很大程度上决定经济增长与分配的绩效。随着国有企业改革的深化与完善，各领域市场机制的逐步健全，政府逐渐转变为社会公共服务的"供给者"。大量的研究也表明，与此转变相伴的是地方政府也承担了更多经济增长的责任，需要向社会提供大量的经济性公共品，但与此同时，有限的财政资源又会使民生性公共品的供给显得相对不足。对于城市化背景下的城乡收入分配问题，这类公共品供给问题会产生怎样的影响，需要弄清其中较为复杂的联系。一方面，对于经济性公共品的供给可以促进产业集聚并吸引更多的直接投资，这有利于为农村进城务工人员创造更多的就业机会，从绝对数量上提高农村居民的收入水平；而且，经济性基础设施投资很大程度上投向了交通路网的建设，这种类型的公共品事实上对农村与城市的要素流动,尤其是对农村经济(现代农业或乡镇集体工业)的开发具有推动作用。另一方面,城镇居民所享受的户籍政策保护使他们能够在劳动力市场中获得竞争优势,城镇居民更有能力进入具有隐性社会福利补贴的公共事务管理部门、国有企业或是大型的私营企业,而相对缺乏保障的工作环境也可能对从农村进城务工人员施加更高的机会成本,降低以人口指标衡量的城市化水平。另外,户籍政策事实上限制了人口在城乡间以及地区间因公共品供给不均产生的"用脚投票"机制(Tiebout,1956;Oates,1972),使许多有能力获得更高收入的劳动者的收入发生扭曲,而难以发挥公众诉求对公共品需求的表达。综上所述,在实证公共品对城乡收入差距的影响的问题中,不能忽视经济性公共品在其中的关键角色,因此在本节中将详细展开经济性公共品(基础设施)供给对城乡收入分配影响的实证分析。

(一)模型设定

本节侧重为经济性公共品供给对城乡收入分配的影响设计实证研究。在前人研究的基础上,选用传统的线性回归模型作为模型形式的设定,而解释变量与控制变量的选取则依据文献而得。首先模型的基本形式如式(5-22)所示:

$$incdis_{it} = \beta_i + \beta_1 inras_{it-1} + \beta_2 control_{it} + \varepsilon_{it} \quad (5-22)$$

与之前的变量设定一样,incdis 代表被解释变量城乡收入分配;inras 代表解释变量经济性公共品供给水平;control 代表其余影响被解释变量的控制变量。基本回归方法仍采用固定效应面板模型。

(二)变量说明

(1)城乡收入分配:这里仍是采用比例法与泰尔指数法两种方法测度城乡收入分配状况。两种测度方式也都作为回归的被解释变量,都分别回归,进行稳健性的检验。

(2)经济性公共品供给水平:如果以财政统计年鉴统计口径更改以前的

数据为依据，那么可能因"基础建设"分项上包含了民生类公共品项目的基本建设支出从而高估公共品供给的水平，并且也很难做到指标在各年测算的数据都具有相同的精确度。而采用更改统计口径后的财政支出数据，又没有统计基本建设支出这一项，而且样本量也会太小。因此，本书为了实现测度的尽量准确，采用式（5-23）反映经济性公共品的供给。

经济性基础设施投资＝固定资产投资－房地产投资　　　　　（5-23）

经济性基础设施即代表经济性的公共品供给，而全社会固定资产投资中必然包含了私人固定资产的投资，考虑到城镇中私人固定资产投资主要为房地产建设投资，因此从总固定资产投资中减去这部分的数值能够较为合理地反映经济性公共品的供给状况。当然，对于目前公路、铁路等大型基础项目的建设，大多采取银行贷款的方式借用社会资金进行供给，但是政府往往需要由国有资产进行抵押方能取得资金，而且经济性公共品的供给边界事实上也不需要一定受限于财政支出。综上所述，上述指标的计算方式是可取的。

（3）其余的控制变量也与之前的模型一样：城市化仍是采用常住城镇人口占总人口的比例来测度；经济发展水平用人均地区生产总值的对数值来表示；工业化水平用工业产值与地区生产总值之比来表示；服务业水平用服务业产值与地区生产总值之比来表示；经济外向度使用出口水平与地区生产总值之比来表示。

（三）实证方法与实证结果

第一，对经济性公共品供给对城乡收入分配的影响进行静态研究，即假设解释变量中无滞后被解释变量。根据以上各小节的论述，样本采用1990～2018年的省级面板数据，使用固定效应方法估计该面板模型。之所以选择固定效应方法，是基于以下三个方面：首先，对于省级面板数据，截面个体数量有限，采用固定效应方法不致损失过多的自由度；其次，各省区经济社会特征有较大差异，也需采用固定效应方法控制各省特征的差异；最后，基于估计有效性的考虑,模型中并未加入过多的控制变量,但这也同时引入了"遗漏变量"偏误,为了消除这一不利影响,采用固定效应方法尽量去除那些不随时间变化的"遗漏变量"与"不可观测变量"。这里采用逐个加入控制变量的方式观察回归方程的估计结果。回归结果如表5-9所示。

表5-9 经济性公共品供给水平与城乡收入分配(泰尔指数法)

估计方法	城乡收入分配(泰尔指数法)			
	FE	FE	FE	FE
基础设施	0.004	0.025***	0.028***	0.031***
	(0.004)	(0.008)	(0.009)	(0.010)
城乡教育差距		0.029***	0.034***	0.032***
		(0.011)	(0.011)	(0.011)
职业教育	-0.152***	-0.072*	-0.073**	-0.070*
	(0.036)	(0.038)	(0.036)	(0.036)
城市化	0.121***	0.008	-0.029	-0.023
	(0.021)	(0.031)	(0.030)	(0.031)
经济发展水平		0.003	-0.015***	-0.016***
		(0.005)	(0.005)	(0.005)
工业化水平			0.283***	0.286***
			(0.053)	(0.053)
服务业水平			0.367***	0.370***
			(0.055)	(0.055)
经济外向度				-0.000
				(0.000)
常数项	0.107***	0.100***	-0.141***	-0.144***
	(0.018)	(0.018)	(0.040)	(0.040)
截面个数	26	26	26	26

注:*** 表示 $p<0.01$,** 表示 $p<0.05$,* 表示 $p<0.1$。

以上的回归结果显示,四个模型基本都显示变量"基础设施"的系数为正数，这说明以经济性基础设施投资为代表的经济性公共品对收入差距是具有扩大的作用的。这一点与理论探讨的情形以及上一节的结论还是较为相符的，当经济性公共品供给较多时可能会抑制民生性公共品的投入，而在上一节的实证模型中发现民生性公共品的投入较为有利于低收入水平，即缩小收入差距。

第二，在模型中的"教育城乡差距"变量之前的系数也为正数，这与前一节的结论是一致的，这也说明这一结论是比较稳健的，当然在本模型中引入这一控制变量是为了控制住与加大经济性基础设施投入相伴的城乡投入偏向的问题，那么即使在控制了这种偏向的影响之后，基础设施的投入增加也仍然是不利于城乡收入的改善的。此外，职业教育的投入的优化收入分配的效应始终比较稳健；从后两个模型的结果来看，城市化的优化收入分配的作用也基本上是存在的。

（四）稳健性检验

为了更进一步检验实证分析的可靠性，这里对模型设定再进行一些变换：第一是将被解释变量的测度方式换成比例法进行测度，这样可以看出不同结论是否对于被解释变量的测度方式比较敏感；第二是加入民生性公共品的供给水平，替代原先的"教育城乡差距"这一变量。回归的方法还是采用固定效应方法，其回归结果如表5-10所示。

表5-10　经济性公共品供给水平与城乡收入分配（比例法）

估计方法	FE	FE	FE	FE
基础设施	0.123 *** (0.039)	-0.018 (0.041)	0.533 *** (0.096)	0.558 *** (0.107)
城乡教育差距			0.293 ** (0.118)	0.281 ** (0.119)
职业教育	-1.658 *** (0.389)	-0.520 (0.398)	-1.038 *** (0.399)	-1.005 ** (0.401)

续表

估计方法	FE	FE	FE	FE
城市化	1.251*** (0.233)	-0.278 (0.306)	-0.415 (0.337)	-0.362 (0.345)
经济发展水平		0.258*** (0.035)	-0.232*** (0.057)	-0.242*** (0.060)
工业化水平			3.826*** (0.592)	3.854*** (0.592)
服务业水平			4.397*** (0.610)	4.423*** (0.610)
教育供给	-0.008** (0.003)	-0.010*** (0.003)		
经济外向度				-0.000 (0.000)
常数项	2.860*** (0.198)	3.586*** (0.215)	-0.488 (0.440)	-0.512 (0.441)
截面个数	26	26	26	26

注：***表示 $p<0.01$，**表示 $p<0.05$，*表示 $p<0.1$。

稳健性检验的结果均显示解释变量"经济性公共品供给"对"城乡收入差距"产生了正向的影响，这里所谓的正向影响是指其会扩大城乡收入差距，尽管在四个模型中只有第二个模型"基础设施"变量的系数为负数，而且还并不显著，其余三个模型的"基础设施"变量的系数均显著为正数，因此说明这一结论还是较为稳健的。我们在稳健性检验中更关注的"系数符号"是与原模型一致的，这至少在一定程度上说明经济性公共品供给水平是可能不利于城乡收入分配的。另外，我们发现其他控制变量对城乡收入分配的影响也有稳健影响：

关键控制变量"教育城乡差距"的系数显著为正，这也与原模型回归结论一致，可以较为稳健地认为教育城乡差距越大则会导致城乡收入差距的扩大，这也与我们的现实经验是一致的。

"职业教育"这一控制变量的系数也为负数，这说明职业教育是可以显著缩小城乡收入差距的。职业教育的有趣之处在于职业教育虽然投入在城市的空间范围内,但是确实十分有利于低收入群体,联系近些年职业教育向一般人群普及,其对于入城务工者的提升作用也更为明显。

对于"城市化"的影响,原模型和稳健性检验模型都显示出城市化可以显著改善城乡收入分配状况。有意思的是,两个模型在不加入其他控制变量时,估计系数都显示出"城市化"扩大了城乡收入差距,这恰好说明表面上是正相关的二者关系其实是因忽略了其他变量的影响而被误解的。

对于"经济发展水平"的影响,原模型和稳健性检验模型都显著表明随着经济的发展(人均单位产值的提高),会缩小城乡收入差距。这意味着经济发展其实不与收入分配问题相矛盾,经济发展水平越高的地区其实收入分配的状况也越好,因此收入平等的改善完全可以通过提升劳动效率(人均收入水平)来实现,这也很好地印证了关于效率与平等之间理论分析的结论。

对于"工业化与服务业发展"的影响,两个模型都显示出它们对于城乡收入分配产生正向的影响,即无论是工业还是服务业的发展都是不利于城乡收入差距的缩小。对于这样的结论需要更谨慎地看待,因为这个结论似乎是在暗示要抑制工业化和服务业的发展才可以优化城乡收入分配,但是恰恰相反,工业与服务业的发展是经济发展的一部分,不能单纯从统计数据上否认二者的重要作用,而是要剖析为什么会产生这样的问题。出现这样问题的原因,本质上是工业化和服务业发展的质量还不够高造成的,在许多文献中都已经证实,工业化进程的推进不利于劳动收入份额的提升,过于依赖发展资本密集型产业会压缩在劳动力市场上并无话语权的进城务工者的就业机会;而原本有利于劳动者就业的服务业,又因为长期处于低水平竞争,造成工资水平低下,压制了进城务工者的收入水平。可见,只有通过积极的产业转型和制造业升级才能扭转产业发展中出现的不利于劳动收入占比的情况,同时辅之以更为均等化和高质量的公共服务供给,这可能才是在产业发展中优化收入分配的有效措施。

(五) 动态面板模型

以上的实证研究是建立在静态假设的基础之上的，但是对于经济性公共品而言，要准确地分析出其对城乡收入分配的影响，必须要考虑收入差距本身所具有的惯性。因此，构建动态面板模型以考虑加入了城乡收入差距的一阶滞后量对其自身的影响，在此基础上再实证经济性公共品的收入分配效应。事实上，许多学者已经关注到了纯粹静态的估计可能产生的问题（陈安平和杜金沛，2010；贾俊雪和宁静，2011；雷根强和蔡翔，2012）。首先，一地城乡收入差距的数据生成机制必然在计量上存在着序列相关特征；其次，实证模型中使用的解释变量与控制变量更多为"流量"数据，而城乡收入分配的状况更应理解为日积月累形成的"存量"数据，二者置于回归方程的两边事实上是难以对等的。基于以上考量，采用如下设定的动态面板模型再次进行估计：

$$\text{incdis}_{it} = \beta_0 + \gamma \text{incdis}_{it-1} + \beta_1 \text{inras}_{it} + \beta_2 \text{control}_{it} + \varepsilon_{it} \quad (5-24)$$

这里 incdis_{it-1} 代表滞后一期的城乡收入差距，inras_{it} 代表经济性公共品供给水平，其余控制变量包含教育城乡差距、职业教育、城市化、经济发展水平、工业化水平、服务业水平、经济外向度。另外，这里采用系统广义矩估计方法（SYS-GMM）对用泰尔指数度量的被解释变量的回归方程进行估计，参与回归的样本数据仍然为1990~2018年省级面板数据中的样本，变量也与之前实证分析的选择一致。具体估计结果如表5-11所示。

表5-11 经济性公共品供给水平与城乡收入分配（动态面板）

估计方法	城乡收入分配（泰尔指数法）			
	FE	FE	FE	FE
城乡收入差距一阶滞后	0.868***	0.902***	0.849***	0.852***
	(0.007)	(0.017)	(0.021)	(0.015)
基础设施	-0.007***	0.008**	0.028***	0.028***
	(0.002)	(0.004)	(0.005)	(0.005)

续表

估计方法	城乡收入分配（泰尔指数）			
	FE	FE	FE	FE
城乡教育差距	-0.000	0.012**	0.024***	0.023***
	(0.006)	(0.005)	(0.005)	(0.006)
职业教育	0.014	-0.182**	-0.173**	-0.131*
	(0.024)	(0.085)	(0.072)	(0.075)
城市化	0.006	0.143***	0.020	0.007
	(0.017)	(0.020)	(0.024)	(0.031)
经济发展水平		-0.028***	-0.045***	-0.046***
		(0.002)	(0.003)	(0.003)
工业化水平			0.249***	0.337***
			(0.029)	(0.044)
服务业水平			0.470***	0.525***
			(0.026)	(0.038)
经济外向度				-0.000**
				(0.000)
常数项	0.019***	-0.048***	-0.290***	-0.336***
	(0.006)	(0.014)	(0.018)	(0.026)
截面个数	26	26	26	26

注：*** 表示 $p<0.01$，** 表示 $p<0.05$，* 表示 $p<0.1$。

综观上述四个模型，其估计结果基本支持了静态面板模型的估计结论，这说明即使考虑了城乡收入分配的惯性问题，也没有动摇我们对经济性公共品收入分配效应的基本结论。

第一，"城乡收入差距的一阶滞后项"系数都比较接近于1，这从侧面说明采用系统广义矩估计方法（SYS-GMM）可能优于一阶差分广义矩估计（FD-GMM），因为当序列相关程度较高时，一阶差分广义矩估计的估计效果较差（Arellano 和 Bond，1991），采用系统广义矩估计方法可能是更优的选择。

第二，解释变量"经济性公共品供给水平"其估计系数均为正，而且显著性水平也较静态模型更好，有力地支持了静态模型的结论；"教育城乡差距"与静态模型的结论也是一致的，教育差距越大则收入差距也越大；"职业教育"也能较显著地促进收入差距的改善，也与静态模型的结论一致。

第三，对于其他变量的结论也基本与静态模型保持一致，但对于"城市化水平"对"城乡收入差距"影响，动态面板模型与静态模型的结论并不一致，动态面板模型的结论认为"城市化"是不利于城乡收入差距缩小的。

第四，对于"工业化水平""服务业水平"，它们的发展都不利于城乡收入差距的缩小，而经济发展水平对城乡收入差距的改善作用还是显著的。

第六章 城市化对城乡收入分配的门槛效应分析

经济增长方式的转变与收入分配状况的改善是目前我国经济发展转型战略迫切需要解决的问题。近年来，越来越多的学者认识到"积极推进城市化建设"或许是解决上述两个难题的有效途径（万广华，2008，2010，2011；王国刚，2010；李美洲和韩兆洲，2007；陶然和徐志刚，2005）。我国在经历了很长一段时间的高速经济增长后，近年来，随着内部需求和外部约束的变化，依靠固定资产投资与出口拉动的经济增长在日益高昂的环境成本、过剩的产能供给、波动的世界经济环境等多重约束下已出现增长放缓的现象，寻找新增长点的关键在于集中利用有限的资源储备与环境承载力，并进一步扩大内需。因此，城市化的战略是解决这一问题的重要方法，城市化进程的加速恰恰有助于人力与资本的集聚，降低公共品供给的成本，并有效提高居民的收入水平，进而实现生产方式转变与扩大内需的目标，从这一视角来看城市化具有提升经济效率的重要功能。但同时不能忽视城市化对收入分配问题的重要作用，城市化一定会改善收入分配吗？这一点是不确定的，对于后发国家或地区而言，经济社会转型阶段所采用的方式与政策将极大限度地决定转型的结果，以拉美国家为例，巴西从20世纪70年代开始，经历了以资源高消耗为特征的高速经济增长之后，居民收入水平大幅提升，但收入分配状况逐步恶化，大量农民涌入城市谋生，贫民窟与暴力犯罪也逐渐蔓延到巴西的城市，各类激化的社会矛盾也使巴西经济长期陷入停滞不前的困境。可见，城市化对于收入分配的作用机制是复杂而多变的，而城市化对于收入分配的作用机制是以往理论界较为忽视的问题，鉴于我国目前收入分配现状的恶化主要是由城乡收入差距扩大所引起的，因此以人口向城市集聚为特征的城市化进程会如何影响城乡收入将是一个颇具理论与应用价值的问题。本章将详细分析城市化对于城乡收入分配的机制，并实证检验二者的关系。同时，进一步扩展研究的视角，引入工业化这一重要的变量，采用面板门槛回归分析技术检验城市化对于城乡收入分配的复杂机制。

第一节　城乡人口流动特征与指标测算辨析

厘清"城乡收入分配"测算中所使用的人口数据指标的选取对于准确计算真实的城乡收入分配是至关重要的。以往的研究大多采用比例法测度城乡收入差距，随着研究的深入，部分文献逐渐采用泰尔指数法反映城乡收入分配问题（王少平和欧阳志刚，2007），在本书之前的研究也同时采用两种方法测算城乡收入分配状况，并在实证研究中加以运用。泰尔指数法从理论上说是一个更合理、客观地反映收入分配状况的指标，但是这一方法首先要求统计"城镇人口"与"农村人口"数据，其前提是人口数据也必须尽量与收入统计数据相匹配。部分文献常将"户籍人口"数据作为划分城市人口与农村人口的依据，但这一做法存在以下问题：目前我国城乡人口流动模式的显著特点在于有大批来自农村而长期生活在城市的务工人员，且另有大量"候鸟式"在城市工作的农村户籍人口。这两类人群虽同属农村户籍人口，但在计算收入归属时，却分属城镇与农村收入两类统计口径。华生（2010）就目前以统计年鉴数据计算的城乡收入差距指标提出质疑[1]，认为国家统计局公布的城镇收入数据将所有进城务工人员的收入包括在内，因此会夸大对城乡收入差距的估计。随后，王萍萍（2011）回应了这一质疑，以国家统计局所认定的调查统计口径将这一问题予以澄清。统计年鉴中所计算的城镇居民收入只包含了已经举家进城的农村人口以及常年在城市工作的农村户籍人口，这正与城市常住人口的统计口径相一致。而与之相对的"候鸟式"迁徙的农村进城务工人员，则由于尚与农村住所或亲缘保持紧密的联系，其虽在城市获得收入，但主要消费场所仍在农村或用于农村家庭，因此在调查统计口径上应将其归为农村居民收入。同时，这一类进城务工人群其实也是影响城乡收入差距，并将之与城市化进程密切相连的关键纽带，大量的农村剩余劳动力（季节性）分享了城市经济发展的成果，却带动着农村居民收入的上升，城市化的度量虽不能将他们的参与直接考虑在内（只能考虑那些依然常住城市的农村户籍人口），但其对农村收入的直接或间接影响却是不容忽视的。

当然，以上的分析自然可以引申出另一个关键指标测度的改进，即使用城市常住人口与总人口之比来反映城市化水平。事实上，尽管目前的文献中还几乎都在使用户籍人口与总人口之比作为城市化的衡量指标，但其中的原因更多是基于数据可得性的考虑，在各类统计资料中，以非农业人口划分的城镇户籍人口统计数据非常齐全易得，因此会受到研究者的青睐。而相比之下，常住人口的统计在各地区以及各时间段上则比较混乱，对常住人口展开统一标准的统计工作时间较晚（基本上较为精准的数据统计大概在2002年以后），这也在一定程度上限制了早期的实证研究工作。当然，在本书中都是采取使用常住人

---

[1] 华生. 城乡收入差距的统计误区和真实挑战［N］. 中国证券报，2010-09-30.

口与总人口之比进行测算，只有在早期阶段缺少常住人口数据时才使用户籍人口数据进行测算。

在这里，之所以需要讨论城乡人口数据以及城乡居民收入数据的测算，正是因为我国城乡人口流动特征十分鲜明：城乡之间人口流动是以取得更高的收入作为根本动力的，但是入城务工的农村居民并不一定获取城市户籍，也无法享受到因户籍而得到的城市公共服务的便利。因此可以从统计资料中发现，许多地区的城市的常住人口和户籍人口差异很大，因为有许多地区的农村居民甚至会流出到别的地区的城市，这就给人口和收入的测度带来了更多的复杂性。而更关键的是，这样的行为模式为厘清个体收入从何而来、城市公共服务归宿于何人等问题带来了很大的困难。因此在本章的实证研究中，将尽量保证数据测度和变量选择时与现实情况贴近，从而力求得到客观真实反映城市化与城乡收入分配关系的结论。

第二节　城市化对城乡收入分配影响的理论分析

一直以来，城市化对于城乡收入分配的作用机制较少受到学界的关注。其中的原因可能在于二者的联系在直观上并不显著，学者们更愿意将视角放在更微观的层面上，如入城务工者所受到的不公正的歧视或农业与农村的自身发展问题上。但在新的测度方式下，城市化改变了城乡人口比例，这意味着即使不改变任何个体的收入水平，单纯的人口向城市迁移也能缩小城乡收入分配状况。当然，这并不是本研究所关注的核心，更关键的问题在于城市化进程能否使更多人从中受益。一方面，城市化所形成的要素集聚收益是否会使入城务工者获得更高的收入，答案是肯定的，否则便不会有人口向城市流动了；另一方面,城市化吸收了农村过剩劳动人口,使农业人口更好地实现了分工(目前大量入城务工者的土地租种给更具农业劳动技能的农村居民),这一自然选择的过程提高了农业劳动生产率。故这两方面都有助于农村居民绝对收入水平的提升。

但仅得到这样的结论还是不够的,因为知道农村居民收入水平的上升也并不能说明城乡收入差距的缩小,不能判断城市居民收入变化的情况,这也是一个在理论上最需要阐释的关键问题。我国的城市化进程就是城市扩容、人口增加、入城居民逐渐融入城市生产生活方式的过程,其中核心的问题是原有的城市居民是否从新入城农村居民产生的效率提升中获得更大的受益,如果这一受益大于农村居民受益的上升,那么城乡收入差距反而会扩大;而如果这一受益小于农村居民受益的上升,城乡收入差距会缩小。以当下较为引人关注的房价问题为例,高企的房价其实就有较强的收入分配效应,已经拥有城市房产的原城市居民可以将住房租给农村居民获取收入,而且房价越高,租金收益越高,入城务工的农村居民也会付出更多,无形中城乡收入差距扩大;而如果政府的保障性住房政策能够完全覆盖入城务工者的需求,则房价就难以产生收入再分配的效果。此外,政府在诸如教育、医疗的公共品供给方面也会产生类似的效果,如果不对入城务工的农村居民给予有力的托底保障,也会使其在劳动力市场竞争中始终处于劣势,无力继续提升个人的收入,进而导致收入差距的扩大。因此,政府的公共品供给会对收入分配的状况产生重要的影响,城市化对城乡收入分配的作用方向在很大程度上也取决于政府再分配政策的制定。

综上所述,城市化进程到底会对城乡收入分配产生何种影响,需要充分考虑城市产业发展、政府公共品供给等关键因素的影响,这也是指导后续实证研究的基本思路。

第三节　城市化与城乡收入差距：实证检验

一、调整样本观测年份

在本节，将使用传统的计量经济实证方法对城市化与城乡收入分配的关系进行实证分析。从全国以及分东、中、西部地区的情况来看，城市化与城乡收入分配之间的关系尽管在不同省份和地区具有差异性，但是总体上呈现的规律为：随着城市化进程的持续推进，城乡收入分配（这是采用泰尔指数法测算的城乡收入分配）呈现出先下降后上升再下降的一个特征。但是这也是数据表面呈现出的一个表象特征，很难借此判断城市化与城乡收入分配之间具有何种稳定的关系，抑或是这种关系是否具有连贯性，因为还需要考虑其他控制变量的影响，不去除掉其他因素的干扰，无法知道城市化本身对城乡收入分配影响的净效应。因此，这里将重新修正在前一章所设定的计量经济学模型，为了更为稳健地分析二者的影响，将充分考虑样本期内二者的变动关系，重新选取样本的时间范围，舍去早期年份的样本，再次估计城市化对城乡收入的影响。基本模型的形式仍旧为线性的回归形式，仍旧采用面板固定效应模型进行估计，其估计结果如表6-1所示：

表6-1　城市化对城乡收入分配的影响

估计方法	城乡收入分配（泰尔指数法）（2003~2018年)			
	FE	FE	FE	FE
教育公共品	0.001**	0.001**	0.001*	0.001**
	(0.000)	(0.000)	(0.000)	(0.000)

续表

估计方法	城乡收入分配（泰尔指数法）（2003~2018年）			
	FE	FE	FE	FE
医疗公共品	-0.001***	-0.001***	-0.002***	-0.002***
	(0.000)	(0.000)	(0.000)	(0.000)
城市化	-0.177***	-0.194***	-0.249***	-0.242***
	(0.031)	(0.040)	(0.040)	(0.040)
经济发展水平		0.003	0.004	0.005
		(0.005)	(0.005)	(0.005)
工业化水平			0.214***	0.212***
			(0.042)	(0.042)
服务业水平			0.313***	0.318***
			(0.050)	(0.050)
经济外向度				-0.000
				(0.000)
常数项	0.236***	0.241***	0.066*	0.061*
	(0.017)	(0.018)	(0.036)	(0.036)
截面个数	26	26	26	26

注：*** 表示 $p<0.01$，** 表示 $p<0.05$，* 表示 $p<0.1$。

二、内生性处理

在对城市化与城乡收入分配的关系进行实证研究时的另一个问题即为"城市化"在该问题中的内生性。农村居民在城乡收入差距较大时，可能更具有进城务工的动力，正是这种因解释变量与被解释变量之间相互影响造成了内生性难题，以至于可能造成回归估计结果的偏误。为了解决这一问题（或者说尽量避免这一问题带来的影响），一些学者已经尝试寻找合适的"工具变量"，如陆铭和陈钊（2004）采用"人口出生率"作为"城市化"的工具变量，因为人口出生率与我国制定的计划生育政策城乡有别，因此更低的生育率

对应着更高的城市化水平。在这里参照这样的做法,使用"人口出生率"作为合理的工具变量,估计结果如表6-2所示:

表6-2 城市化与城乡收入不平等(工具变量法)

测度方法	模型1 比例法	模型2 泰尔指数法
城市化	0.814 (2.637)	-0.037 (0.205)
教育公共品	-0.005 (0.007)	-0.000 (0.001)
医疗公共品	-0.025*** (0.004)	-0.002*** (0.000)
经济发展水平	-0.091 (0.207)	-0.011 (0.016)
工业化水平	3.024*** (0.568)	0.274*** (0.044)
服务业水平	4.155*** (0.706)	0.361*** (0.055)
经济外向度	-0.000** (0.000)	-0.000 (0.000)
常数项	0.951 (0.796)	-0.014 (0.062)
截面个数	26	26

注:***表示$p<0.01$,**表示$p<0.05$,*表示$p<0.1$。

从表6-2的回归结果可以看出,即使在采用了工具变量法估计后,仍表明城市化对于城乡收入不平等是具有改善作用的,这里采用了工具变量法后,城市化变量的系数变得不再显著了,这可能是工具变量的原因,但其实一个良好的工具变量是很难寻找的,甚至有时就是不存在的。这里,工具变量估计的结论更多的是为了尽量检验结论的可靠性。并且,估计结论也显示,即使城乡收入分配采用传统的比例法予以测度,其估计的结果也支持城市化缩小了城乡收入差距,这再次证实了即使不考虑城市人口比重的上升,城市化本身所引致的要素集聚外部性可以使更多的人受惠,甚至那些非城镇居民也能充分享受到"增长的成果"。这一结论也更证明了坚持推进城市化,并利用城市带来的集聚效应,不断提升经济总体的效率,同时通过财税手段辅以适当的再分配政策,这是兼顾了经济增长与收入平等有效策略。

三、模型设定的变化

前面各实证分析已经从模型估计方法、样本范围选择以及内生性等多个角度探讨了估计结果的稳健性。可是,先前实证模型中都是假设城市化对于城乡收入分配的影响是线性的,但是这样的假设是否合理,抑或是说城市化对于城乡收入分配的影响是否存在着更为复杂的理论机制,这是一个不应忽视的问题。首先,城市化在缩小城乡收入差距时,是否具有非线性影响(在以测度公式为基础展开的理论推导认为,城市化对于城乡收入分配具有非线性影响),而以目前我国的城市化发展现状能否检验出这一规律。其次,以其他因素为纽带研究这一问题时,工业化、公共品供给等是否可能造成城市化影响效果的差别。换句话说,这一影响机制中是否隐藏着其他因素,造成城市化缩减城乡收入不平等的效果发生变化,这也是值得去探究的。那么,如果想在实证上检验这些效应的存在,一种简单的做法就是适当改变模型变量形式的设定,引入诸如二次项或交叉项这样的新变量。二次项适用于观察城市化对于城乡收入分配是否具有非线性的关系,而加入其他因素的交乘项,事项观察其他因素(工业化)是否也会影响城市化的影响效力。下面我们就这一问题重新设定模型形式,较之前面的模型加入了城市化的二次项与城市化和工业化的交乘项,城乡收入分配作为被解释变量仍采用泰尔指数法测度,模型的基本形式如式(6-1)所示:

$$incdis_{it} = \beta_0 + \beta_1 urban_{it} + \beta_2 urban^2_{it} + \beta_3 urbanindutry + \beta_5 control_{it} + \varepsilon_{it}$$

(6-1)

式中，以"城市化水平"的一次项与二次项以及城市化与工业化的交叉项（urbanindutry）为解释变量，其余控制变量为公共品城乡供给偏向与原先静态模型所采用的控制变量。仍使用固定效应方法进行估计，使用样本仍为2003~2018年省级面板数据，回归结果如表6-3所示：

表6-3 城市化对城乡收入分配的影响（扩展设定）

估计方法	城乡收入分配（泰尔指数法）			
	模型1	模型2	模型3	模型4
	FE	FE	FE	FE
城市化一次项	-0.793***	-0.104	-0.631***	-0.242***
	(0.094)	(0.080)	(0.109)	(0.040)
城市化×工业化		-0.362**	-0.464***	
		(0.160)	(0.147)	
教育公共品	0.001***	0.001**	0.001***	0.001**
	(0.000)	(0.000)	(0.000)	(0.000)
医疗卫生公共品	-0.001***	-0.002***	-0.001***	-0.002***
	(0.000)	(0.000)	(0.000)	(0.000)
经济发展水平	0.008	0.005	0.007	0.005
	(0.005)	(0.005)	(0.005)	(0.005)
工业化水平	0.194***	0.373***	0.406***	0.212***
	(0.039)	(0.085)	(0.079)	(0.042)
服务业水平	0.252***	0.293***	0.222***	0.318***
	(0.048)	(0.051)	(0.049)	(0.050)
经济外向度	-0.000***	-0.000	-0.000***	-0.000
	(0.000)	(0.000)	(0.000)	(0.000)
城市化二次项	0.606***		0.637***	
	(0.094)		(0.094)	

续表

估计方法	城乡收入分配（泰尔指数法）			
	模型1	模型2	模型3	模型4
	FE	FE	FE	FE
常数项	0.176*** (0.039)	0.004 (0.046)	0.104** (0.046)	0.061* (0.036)
截面个数	26	26	26	26

注：*** 表示 $p<0.01$，** 表示 $p<0.05$，* 表示 $p<0.1$。

从扩展设定的模型回归结果来看，在加入了二次项与交叉项后，实证的结果表明：对于模型1（只包含了城市化的一次项和二次项），二次项系数为正，一次项系数为负，其对于城乡收入分配的影响从直观上看类似于一个向上开口的二次曲线，收入分配应该是随着城市化进程先改善后恶化，但这一结论似乎与现实不大相符。对于模型2（只包含城市化的一次项和城市化与工业化的交乘项），而交叉项的系数在第二个模型中为负数，代表工业化水平越高，城市化改善收入分配的效果就越显著，但是这一点与我们的理论设定有偏差。因此，从回归的结果及其解释来看，使用简单的计量方法可能因为样本或其他设定存在许多难以解释甚至模棱两可的结论，因此有必要在实证方法上进行进一步的探索，在下一节中，将尝试使用面板门槛模型检验城市化、工业化与城乡收入分配之间的关系。

第四节 城市化对收入分配的影响：基于面板门槛模型的实证分析

一、城市化的非线性影响

在本章第三节的实证模型中，曾经加入了城市化的二次项，以期观察城市化是否对城乡收入分配产生非线性的影响。因为许多社会经济现象都存在着非线性影响的关系，理论上可以设想到城市化的影响会随着城市化进程的发展，其缩小城乡收入不平等的能力呈递减趋势，亦即在农村人口向城市迁移的过程中，城市化所产生的"拥挤成本"逐渐大于"集聚收益"，同时农村个体的收入也在持续上升中（否则人口城市化便不会维持）。综合考虑以上两项因素，必然会存在着城市化自然停止的临界点，在该临界点之前，很可能城市化缩减城乡收入差距的效力逐步递减；而反观在城市化初期，很可能轻微的城市化便能带动城乡收入不平等的大幅缩减（正如以城乡收入不平等公式简单测度所显示的那样）。为了能够验证上述推断，这里采用面板门槛模型进行回归分析。其基本模型设定如式（6-2）所示：

$$incdis_{it} = \mu_i + \beta_1 urban_{it} I(urban_{it} \leq \gamma) + \beta_2 urban_{it} I(urban_{it} > \gamma) + \beta control + \varepsilon_{it}$$

(6-2)

模型假设城市化作为自身影响城乡收入不平等的门槛变量，其余控制变量与上一章"民生性公共品供给城市偏向对城乡收入分配的实证分析"一致。由于在设置"城市化的二次项"时，回归结果为正，可能意味着与理论分析并不一致的结论。因此，这里再采用面板门槛模型进行实证分析，从这一角度来观察"城市化"路径上是否具有以自身为门槛变量的门槛效应特征。以下采用门槛模型可以对多个门槛值进行检验，下面使用 Stata12 软件进行估计，利用面板门槛模型的程序包可以较为完整地得到整个估计结果。

首先，报告门槛值测算结果（见表6-4）：

表6-4 门槛值的估计结果（城市化门槛变量）

	门槛估计值	95%置信区间
单一门槛模型	0.592	[0.568, 0.641]
双重门槛模型		
Ito1	0.330	[0.316, 0.664]

续表

	门槛估计值	95%置信区间
Ito2	0.592	[0.568, 0.640]
三重门槛模型	0.664	[0.636, 0.674]

同时，为了判别门槛的数量，需要计算门槛值的检验，其结果如表6-5所示：

表6-5 门槛值检验结果（城市化门槛变量）

模型	F值	P值	BS次数	1%	5%	10%
单一门槛	31.251**	0.017	300	37.775	23.413	12.636
双重门槛	15.834**	0.033	300	19.543	11.740	8.543
三重门槛	15.008**	0.040	300	22.012	10.815	8.820

注：*** 表示 $p<0.01$，** 表示 $p<0.05$，* 表示 $p<0.1$。

从以上两个初步测度的结果可以看出，共出现了3个门槛的结果，当模型设定为一个门槛值时，门槛值为0.592；当模型设定为两个门槛值时，门槛值为0.330和0.592；当模型设定为三个门槛值时，门槛值为0.330、0.592和0.664；对于具体选择哪个模型，需要在各模型间进行比较，同时这3类门槛数量的模型中都具有比较显著的F值，为了进一步进行比较，采用LR检验方法，并绘图如图6-1所示。

图6-1的结果显示，在用"自举法"（Bootstrap）进行了300次自抽样后，在第一个门槛值处（0.592），LR值最小，代表其显著地支持该值为一个"门槛"，而相比之下第二个与第三个门槛值的LR值则基本没有支持其为门槛值，而且第二、第三个门槛值都处在数据样本中较为离群的位置，因此不认为有两重或三重门槛效应的存在。这说明在单一门槛值的前后，城市化对于城乡收入不平等的影响存在着不同的效应，而这一差异的大小需要进一步回归才能

得到，但是这已经说明城市化对城乡收入分配的作用效应并不是恒定不变的，它的影响是"非线性"形式的。

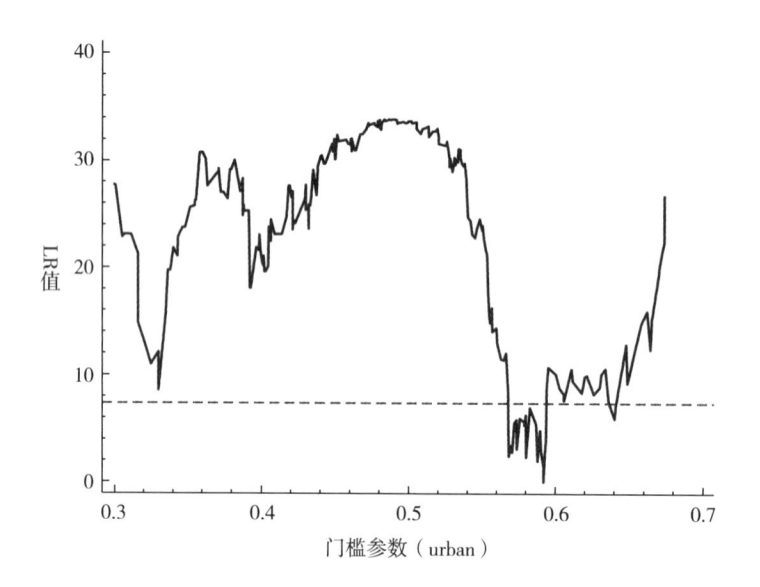

图 6-1 面板门槛模型门槛 LR 值检验（城市化门槛变量）

下面将对该面板门槛模型进行回归估计，估计的结果将会显示三种门槛（单门槛、双门槛、三门槛）取值的方式下城市化变量的估计系数，因为这里只关注单门槛值前后的变化，故只给出单门槛情形时的估计系数，其结果呈现如表 6-6 所示：

表 6-6 城市化非线性影响的估计结果

	系数值	标准误	t 值	P>t	95% 置信区间	
教育供给水平	0.0001906	0.0003083	0.62	0.537	-0.0004162	0.0007975
医疗供给水平	-0.001669	0.0001945	-8.58	0.000	-0.002052	-0.0012861
经济发展水平	-0.001105	0.0053478	-0.21	0.836	-0.0116328	0.0094227

续表

	系数值	标准误	t值	P>t	95%置信区间	
工业化水平	0.2729483	0.0415518	6.57	0.000	0.1911495	0.354747
服务业水平	0.3581548	0.0487797	7.34	0.000	0.2621273	0.4541822
经济外向度	$-2.19e-06$	$7.29e-07$	-3.01	0.003	$-3.63e-06$	$-7.58e-07$
城市化（左侧）	-0.1801549	0.0425073	-4.24	0.000	-0.2638347	-0.0964752
城市化（右侧）	-0.1517593	0.0416594	-3.64	0.000	-0.2337699	-0.0697486
常数项	0.0169051	0.035	0.48	0.629	-0.0519958	0.0858059

回归估计结果显示，在门槛值的前后（左右两边），当城市化水平大于门槛值（0.591）时，城市化变量的估计系数为-0.152，而当城市化水平小于门槛值（0.591）时，城市化变量的估计系数为-0.18。这样的结果意味着，当城市化水平较低时（小于门槛值），城市化对于缩小城乡收入差距具有更显著的作用，这可能是因为在城市化初期，农村人口比重较大时，农村劳动力流动可以较为明显地改善城乡收入差距，这种收入分配的改善相对而言并不是来源于城乡人口比例的变化，而是来源于城乡收入差距的改善；而当城市化跨越了某一水平后，农村入城务工的劳动力流动所能引起的城乡收入差距缩小的效力减弱了，这与观测到的现实是相符的，农村居民转变为城市居民需要其他因素的影响，诸如劳动技能的改善、户籍制度的放松等，当这些因素不能与劳动力流动相匹配时，难以避免地会出现城乡收入差距减速缩小的特征。

综上所述，这一面板门槛回归结果表明，随着城市化进程的推进，城市化自身改善城乡收入分配的效力是在逐渐减弱的，这一点与理论上的推测较为一致，其结论本身也具有较为重要的政策含义：在制定城市化推进战略的时候，需要充分考虑城市化进程中可能出现的一系列社会民生问题，需要将城市化所取得的效率提升适度向低收入阶层倾斜，着力培育中等收入群体，筑牢社会和谐稳定的经济基础，形成城市化源源不竭的动力。

二、工业化的门槛影响

本节将研究另一个在城市化进程中值得关注的问题,即工业化的进程是否显著影响了城市化缩小城乡收入差距的效力。以往的研究认为,滞后于工业化速度的城市化水平是造成城乡收入差距扩大的主要原因之一,但这一结论往往基于理论阐释或是来自于其他传统实证研究的启示,目前还鲜有文献中直接检验工业化、城市化与城乡收入差距三者之间的关系。事实上,城市化与工业化之间是相互促进的共生关系,二者发展的模式不同会造成不同的经济绩效:在工业化初期,创造就业的能力可能更强,其发展的模式可能更有利于入城务工者的收入增长,而在工业化较为发达的阶段,资本的深化与工业发展的高端化,可能会排斥低技能的农村入城务工者,从而减弱城市化对城乡收入差距的改善效力。当然,工业化的发展也完全可能实现优化收入分配的作用,因为工业化发展可以在极大程度上带动经济的整体繁荣,当今具有强大实力的经济体无一不是制造业的大国和强国,只有工业化水平较高的国家才能带动诸如服务业、农业的发展,优化产业结构,最终才能从根本上提高居民的收入水平。这一过程并不是自然形成的,需要强有力的政府进行引导和扶持,将工业化产生的巨大价值反作用于民生的发展,实现全体劳动者人力水平的不断积累,最终又可以助推经济效率的提升与收入分配的改善。当然一切的理论推理都需要实证研究作为支撑,只有这样才能确认变量之间真实的影响关系。

因此,在本节中将使用面板门槛模型分析工业化对城市化收入分配效应的作用。在上一节的实证模型中,在传统的计量经济模型中加入了城市化与工业化的交乘项后,回归结果可以反映出工业化是有利于城市化发挥收入分配效应的,在这里将更进一步针对这一问题进行实证研究,其基本的实证模型如式(6-3)所示:

$$\text{incdis}_{it} = \mu_i + \beta_1 \text{urban}_{it} I(\text{industry}_{it} \leq \gamma) +$$
$$\beta_2 \text{urban}_{it} I(\text{industry}_{it} > \gamma) + \beta \text{control} + \varepsilon_{it} \quad (6-3)$$

模型假设工业化作为城市化影响城乡收入分配的门槛变量，其余控制变量与第五章"城市化背景下公共品供给与收入分配：实证分析"一致。以下仍是使用 Stata12 软件进行估计，样本数据仍旧是 2003~2018 年省级面板数据，首先报告门槛值检验结果（见表 6-7）：

表 6-7 门槛值的估计结果（城市化门槛变量）

	门槛估计值	95%置信区间
单一门槛模型	0.404	[0.369, 0.463]
双重门槛模型		
Ito1	0.448	[0.220, 0.517]
Ito2	0.404	[0.244, 0.408]
三重门槛模型	0.369	[0.226, 0.510]

同时，为了判别门槛的数量，需要计算门槛值的检验，其结果如表 6-8 所示：

表 6-8 门槛值检验结果（工业化门槛变量）

模型	F 值	P 值	BS 次数	1%	5%	10%
单一门槛	18.892**	0.027	300	28.589	14.279	10.276
双重门槛	13.254	0.100	300	26.335	15.666	13.272
三重门槛	4.209	0.247	300	23.700	11.618	7.710

注：*** 表示 p<0.01，** 表示 p<0.05，* 表示 p<0.1。

从表 6-7 和表 6-8 初步测度的结果可以看出，共出现了 3 个门槛的结果，当模型设定为一个门槛值时，门槛值为 0.404；当模型设定为两个门槛值时，门槛值为0.404和0.448；当模型设定为三个门槛值时，门槛值为0.369、0.404和0.448；对于具体选择哪个模型，需要在各模型间进行比较，同时这3类门槛数量的模型中的F检验值并不相同，显著性水平最好的为单一门槛模型，其在5%的显著性水平下显著，较之双重门槛模型和三种门槛模型都要更好，为了进一步比较各模型的优劣，再次采用LR检验方法，并绘图如图6-2所示：

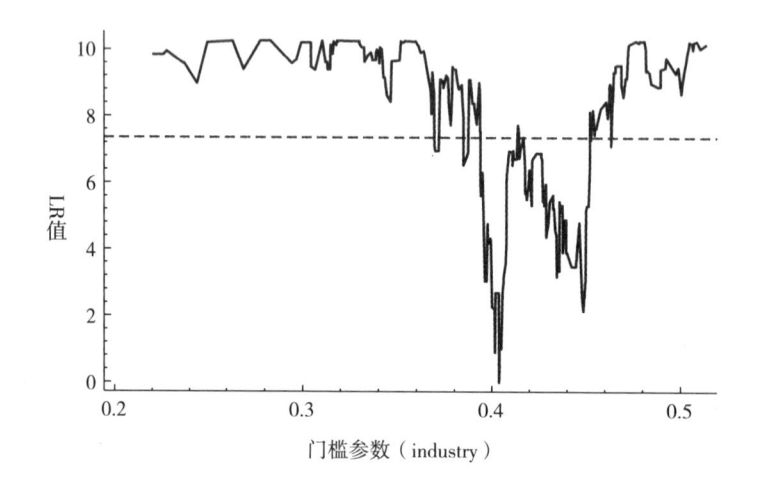

图6-2 面板门槛模型门槛LR值检验（工业化门槛变量）

图6-2的结果显示，在用"自举法"（Bootstrap）进行了300次自抽样后，在第一个门槛值处（0.404），LR值最小，代表其显著地支持该值为一个"门槛"，而相比之下第二个与第三个门槛值的LR值则基本没有支持其为门槛值，而且第二、第三个门槛值在F检验中都不显著，因此不认为有两重或三重门槛效应的存在。这说明在单一门槛值（工业化水平达到0.404）的前后，城市化对于城乡收入不平等的影响存在着不同的效应，而这一差异的大小需要进一步回归才能得到，但是这已经说明城市化对城乡收入分配的作用效应并不是

恒定不变的，它的影响是"非线性"形式的。

下面将对该面板门槛模型进行回归估计，估计的结果将会显示三种门槛（单门槛、双门槛、三门槛）取值的方式下城市化变量的估计系数，因为这里只关注单门槛值前后的变化，故只给出单门槛情形时的估计系数，其结果呈现如表6－9所示：

表6－9 城市化非线性影响的估计结果

	系数值	标准误	t值	P＞t	95%置信区间	
教育供给水平	－0.0002311	0.0003184	－0.73	0.468	－0.0008579	0.0003956
医疗供给水平	－0.0018279	0.0001999	－9.15	0.000	－0.0022213	－0.0014344
经济发展水平	－0.0035964	0.0055071	－0.65	0.514	－0.0144377	0.007245
工业化水平	0.3198748	0.0459324	6.96	0.000	0.2294524	0.4102973
服务业水平	0.3778703	0.0504231	7.49	0.000	0.2786076	0.477133
经济外向度	－7.04e－07	6.90e－07	－1.02	0.308	－2.06e－06	6.53e－07
城市化（左侧）	－0.1169948	0.0431149	－2.71	0.007	－0.2018705	－0.032119
城市化（右侧）	－0.1312071	0.0428501	－3.06	0.002	－0.2155616	－0.0468525
常数项	－0.0078129	0.0365892	－0.21	0.831	－0.0798423	0.0642165

回归估计结果显示，在门槛值的前后（左右两边），当工业化水平大于门槛值（0.404）时，城市化变量的估计系数为－0.1312，也就是说城市化对于城乡收入分配的作用系数为－0.1312；而当工业化水平小于门槛值（0.404）时，城市化变量的估计系数为－0.117，也就是说城市化对于城乡收入分配的作用系数为－0.1312。这样的结果意味着，当工业化水平大于门槛值时，城市化对于缩小城乡收入差距具有更显著的作用。当然这一结论只是意味着，城市化只是在该门槛处受工业化的影响出现了一个结构变化，但是在单门槛的左右两侧这个效力的差异并不是很大，不排除是样本数据的原因造成这样的结论。

但是无论怎样，这一结论都提示我们城市化与工业化这两大进程交织在一起，深刻影响着彼此，想要研究其中复杂的机制可能还需要更多更细致的研究。而且，工业化具有简单的测度指标所不能完全覆盖的丰富内涵，对于工业化的发展始终应该坚持走高效率、集约化的道路，并不能为了追求数据上的占比而牺牲效率。当前，随着人工智能等新兴技术的使用，许多人都会担忧这会恶化居民收入分配，因为大量的生产已不再依赖于简单劳动的大量投入，机器替代人的趋势也意味着资本收入份额将越来越高，劳动收入份额将急剧下降，显然这不利于社会财富的分配状况。但是，从另一个视角来看，制造业的效率提升必然会带来更多的社会财富，只要社会再分配的机制更加完善，是可以实现全民共享财富增长的收入分配格局，而且从制造业中剩余的劳动力，完全具有更多的闲暇和机会提升个人的人力资本水平，从而通过劳动力技能的转型，进入到以智力劳动和创造性的工作中去，进而又能反哺制造业的发展，这样就使整个经济社会形成效率提升—公平分配—全面发展的良性循环中。

第七章　城市化背景下公共品受益归宿的理论分析

在本书之前的各章中，详细分析了在城市化进程中公共品的供给在数量方面、结构方面、城乡分布方面对城乡收入分配的影响，在理论和实证上都进行了较为全面系统的分析。传统的计量经济学分析方法，可以在统计学意义上观察两个变量之间的关系，用在本书探讨的问题上，也能为公共品对收入分配的影响做出较为可靠的判断，是目前较为主流的分析工具和方法。但是公共品问题的特殊性在于其具有较强的外部性，因此对于服务对象从中获取的受益既有直接的影响也有间接的影响，获益评估往往具有很长的链条，传统的分析方法可以分析公共品对特定群体的影响，但较难从中得到更多的影响的细节，较难厘清研究对象特征变化的根本原因。对于公共品的收入分配效应这一研究主题，十分需要在研究的工具上拓宽视野，受益归宿分析方法（BIA）本身包含了收入分配的研究意味在内，是一个十分适合用于分析公共品与收入分配问题的工具，因此在本章中将运用公共支出的收益分析方法对具体公共品供给行为所形成的收入分配效应进行分析。这一分析方法将视角聚焦于不同收入群组的公共品获益问题，联合了较为前沿的不平等测度技术、计量经济学方法以及信息量丰富的微观数据库，能够得到更为精细的结论，尤其公共品对不同收入组的作用是可以量化的，换句话说可以通过方法的改进更准确测度某项公共支出或者公共品供给更有利于哪一个收入层级。从以上这些特点可以看出，在本章中将详细讨论城市化背景下的公共品供给的受益归宿：首先简要介绍受益归宿分析方法的基本的原理；其次在理论上分析公共品如何在不同收入群组中造成不同的影响，其中的关键机制和条件是什么；最后总结通过公共品受益归宿分析得到的政策启示。

第一节　公共品受益归宿分析的基本方法

公共品受益归宿分析方法是近几十年逐渐发展起来的专用于评估公共部门支出效益的工具，其给许多国家的公共服务供给政策提供了很好的评估工具。这一工具从收入分配的视角去研究公共支出对居民收入和福利分布的影响，能够很好地运用于收入分配、减贫、财政管理、公共管理等领域问题的研究。

在实际应用中，这一方法的基本逻辑还是较为直观且容易理解的，一个个体或群体（可以是某一收入水平的人群或群体）从公共支出中获得的受益（收益）可以用公共部门对这个个体或群体的支出的成本来衡量，其实也就是公共品受益归宿分析中发展较早的"成本法"，应该说后续的方法都是基于这一思想方法发展出来的，因此深入理解成本法是理解公共品受益归宿分析的关键。

在具体展开对于该方法的说明之前，需要明确的是这一分析方法在更多的情况下是针对公共支出的研究，而在本章需要将公共支出看成是公共服务供给的一种表现，因此，在这里不对二者进行严格的区分，在后续的研究中也是用某项公共服务的支出来代表此类公共服务的供给水平，应该来说在全国各地区基本公共服务供给结构差异不大的情况下这样的等价也是具有一定合理性的。

对于该分析方法还可以进一步展开，尤其是可以在公共支出的测度方面做出一些变化，因为在现实中的公共支出活动中某一项支出还需要细分成更多的子类支出，所以在这一前提下还可以再将受益分析测度公式进一步改进，将子类支出在各收入群体的分配也考虑进去，就能完整反映出个体或是群体在公共品供给中的受益程度（公共支出成本），具体测度公式如式（7-1）所示：

$$B_j = \sum_{k=1}^{K} N_{kj} \frac{S_k}{N_k} \qquad (7-1)$$

这就是公共品受益归宿分析的基本测度公式。式（7-1）设计的背景是假设受益人可以分成 J 组，每一组用下标 j 代表，这里分组的依据可以是任何事物，在研究收入分配的问题时就可以看成是不同的收入层次的群体，式中 B_j 代表某一群组的人群对于公共服务的受益程度（就是以公共支出的成本来衡量的）。同时公共支出被分成了 K 类，当然这里可以根据问题的实际需要将公共支出的总体或者某一大类进行划分，这里只是设计通用的测度公式阐明测度的原理。在等式的右侧，N_k 代表享受到第 k 类支出的人数受益总人数；N_{kj} 代表按照问题中群体的划分某一特定群体 j 所享受到的人数；S_k 代表第 k 类政府支出数量。那么综合以上变量的含义，公式右边的部分就是相当于计算对于某一特定群体 j 的所有各类公共支出成本之和。将测度公式分解之后可以发现，需要准确衡量其实对于数据的要求比较高，数据集所需要的特点是既有公共支出的具体去向，也有与这些去向相连的微观个体或群体的特征信息，这样就可以较为深入地了解公共品在个体间的分布，以及个体从中受益的特征和原因，这为进一步优化公共品供给政策提供了翔实依据。

尽管公共品受益归宿分析方法已经成为分析公共支出效果的有力工具，学者也在不断完善这一方法，但是其在现实的运用中仍存在局限性。第一，使用公共支出代表公共服务的供给水平这样的做法可能产生一定的偏差，因为公共支出能够对受益对象产生作用还必须要考虑公共支出转换为有效的公共服务的效率，而这一点往往很难被观察到。第二，公共服务的价值衡量本身就比较困难，因为对于私人品而言可以使用市场价格作为该产品价值的合理衡量，由于有市场机制的存在，可以从供需双方均衡反映出产品的真实价值。但是对于公共品或公共服务而言，由于其具有明显的外部性和不可分割性，很难对其真实的价值给出合理的估算。第三，从测度方式上看，简单地将获益看成是经济利益的直接提高，而忽视了受益者本身的福利水平的变化，均等化的最终目标是提升个体的福利水平以及减小福利水平之间的差异。第四，这一研究方法中缺乏估计和处理个体获取公共服务的条件或阻碍的技术，往往需要更高质量的数据信息或联合其他方法。第五，这一研究工具对于数据要求比较高，数据集需要将公共服务作用于个体之上的具体数量与个体的信息特征关联起来，能够反映个体信息的微观数据集并不鲜见，但是能够准确反映公共服务作用于个体之上效果的数据则相对很少，若是能将教育、医疗等公共支出从个体支出中区分出来将成为研究可靠性的重要保障。

尽管存在诸多的限制和不足，公共品受益归宿分析方法仍然是目前评估公共支出（公共品供给）收入分配效应的最合适的工具之一。因此，下一节将借用公共品受益归宿分析的思想方法，结合我国在教育、医疗、社会保障等领域的基本公共服务供给问题的特征，提出在各类公共品供给领域引起受益归宿不公的问题，并从理论上予以详尽的分析。

第二节 城市化背景下的基本公共服务均等化与公共品受益归宿

本书旨在探讨在人口城市化进程中如何通过优化公共品供给的结构、方式和策略以促进居民收入分配状况的改善。在此研究背景下，讨论收入分配的改善其本质就是要讨论公共品供给的收入分配效应,而这只有观察到公共品供给具体对各收入层级的人群造成何种程度的影响,才能较为完整地回答这一问题。

正如前面章节所介绍的那样,城市化本质是人口的城市化,人的流动决策是基于复杂的客观环境所做出的理性判断,公共品或者公共服务供给的状况是个人作为经济主体必须要考虑的重要因素。能够有效影响居民收入分配的公共品主要集中于基本公共服务领域(当然这些也是典型的公共品),因为它们都是个人提高自身劳动力素质和技能水平的有效方式,也是决定不同收入阶层收入变化的重要影响因素。当前,我国的基本服务均等化战略就是旨在夯实全民共享经济发展成果的基础,是促进人民共同富裕的重要保障。基本公共服务均等化就是要通过基本公共服务的均等化供给带动居民收入水平差距的缩小,通过补齐基本公共服务供给的差距、提高基本公共服务供给的水平,从而达到共同富裕的目标。尤其是在城乡结构发生剧烈变化的今天,公共服务对于个体收入变化的影响十分复杂,个人或家庭融入城市也是一个复杂的动态过程,而且是需要不断通过演进积累的漫长过程,在这个过程中家庭应该更为综合考虑父辈、子代的问题,也就更需要公共服务在其中发挥促进和保障的作用,基本公共服务的供给不仅在个体间、空间上、时间上都具有较强的外溢性,因此想要准确判断出基本公共服务的效应需要从更微观的视角展开,对于这个问题的实证研究变得更加重要。

从理论上看,基本公共服务具有较强的普惠性和公平性,每个人都有权享受基本公共服务所带来的福利,每个人受益于基本公共服务的程度可以促进个人的收入增长。但在基本公共服务供给的具体实践中我们仍然可以发现许多亟待解决的问题:例如,在当下许多地区财力不足的情况下,在不同地区的公共品供给的数量倾斜主要检验财政转移支付的科学性和合理性;再如,并不是所有的公共服务都是无条件供给的,而这些条件客观上就形成了公共品供给的

"门槛",这样的供给机制其实就会影响到公共服务供给的均等化作用。诸如此类的例子还有许多,这就要求采用诸如公共品供给的受益归宿分析方法这样的工具去更全面地评估供给的政策效果,从而促进基本公共服务供给的有效性。为了能够从更细节的层面讨论公共品对微观主体的作用,必须逐一分析不同类型的公共品在供给时对不同的收入群体会产生怎样的作用,尤其是需要厘清其中影响供给均等化的关键机制和需要着重解决的问题。

可以将公共品(尤其是民生性公共服务)分成不同的种类加以讨论。公共服务以较为常用的分类方式来看,主要可以分成教育、医疗、住房保障等,而不同的公共服务对于个体收入的影响机制是完全不同的,因此对于其影响的细节需要分别讨论。

(1)教育公共服务方面。教育是大多数国家公共支出中的最重要的部分,教育公共品的供给所能产生的收入分配效应主要取决于公共品向不同人群的配置。从目前我国的公共教育资源的分配情况来看,可以从多个角度进行分析。第一,从城乡分布自身来看,城乡之间的分布存在一定程度的不均衡,许多实证研究测算都表明城市居民能够得到更高程度的人均教育投入,这是教育收入分配效应较为浅层的表现。第二,在向城市提供的教育资源中其实也有受益归宿与农村居民的部分,例如现在愈加重视的职业教育的投入,这就是教育受益归宿分析在空间分布方面较为复杂的因素。第三,教育公共品本质上是一种公共服务,教育的质量直接取决于教师的质量,但是从目前的优质公共资源的分布看,大量优质的小学、中学教育资源分布在城市中心区域或是城市房地产价格更高的区域,这样的分布特征导致只有收入更高的家庭可以获得更优质资源的机会(因为大部分城市都是采用就近入学的政策),更高收入者具有了获取优质教育资源的优势,显然这使教育的受益归宿更偏向高收入群体;同时也反映出教育即使作为一种公共服务也具有某种经济集聚性,也就是说优秀的教师更容易向经济条件更好的学校集中。第四,从教育的各阶段来看,教育可以分为学前教育、初级教育、中等教育、高等教育等阶段，对于基础教育（小学教育与初中教育）服务其受益归宿主要取决于其分布以及其质量，但同时在这一阶段个体的教育消费也很重要，因为更好的私人教育投入会影响到获得更好的高等教育服务的受益情况，正因为这一供给机制的存在，教育服务的受益归宿并不能简单从机构分布来分析，而是需要全方位地去考察供给的方式等因素。

（2）医疗卫生公共服务方面。医疗卫生服务与教育公共服务明显不同的一点在于其受益对象对于分布的情况并不那么敏感，因为我国的医疗卫生公共服务体系正在推进分级诊疗制度建设，所以受益群体不必固定在特定的区域内，而是根据需要去向不同级别和不同功能的医院进行分级诊疗。因此，即使医疗资源或者说大量优质的医疗资源集中在城市区域，也不能说医疗卫生服务是更使城市居民受益的，因为城市中的医院按照分级诊疗的设计主要是用于急难危重疾病的诊治。相反，医疗卫生服务体系中医疗保险的作用反而是影响受益归宿的一个重要因素，自从新型农村合作医疗制度建立起来之后，农村居民的参保率不断上升，说明这一制度能够切实减轻农村居民看病难、看病贵的问题，新农合能够覆盖的范围越广，农村居民的受益人数就越多，而且这一政策具有明显的"亲贫性"，也就是说可以明显改善低收入群体医疗服务水平。同时，也需要考虑不同地区之间的医疗保障水平的差距，这也会引起区域间公共服务受益归宿水平的差异。个人的医疗、保健的消费事实上是造成受益归宿差异的重要原因，但是与教育不同的是，个人医疗支出与公共医疗服务之间是相互替代的关系，这一点又使医疗卫生公共服务具有更强的向低收入人群归宿的倾向，这一结论也得到了国内外许多实证研究的支持。

（3）住房保障方面。在讨论城市化背景下的公共品供给问题时不能忽视住房在其中的作用，无论是从经济层面还是从文化层面来看，在城市拥有立足之地都是农村入城务工者的首要诉求。从目前我国城乡人口流动的特点来看，许多入城务工者并没有完全实现在城市定居，而是周期性地在城乡之间务工和务农；也有许多农村居民中的年轻人来城市工作并试图定居，但是目前高企的房价成为这一社会流动趋势的最大的阻碍之一，使初入城市就业的务工者无法获得能在城市留下去的稳定预期，这也会影响到城市化优化收入分配的效果。因此，多数政府出于社会公平的目标都会向社会提供保障性住房（如经济适用房、廉租房等形式），这一个公共品（当然其实部分保障性住房严格说并不能看成是公共品，只是因为是政府主导供给并限制价格而近似看成是公共品）自然是受益归宿于低收入群体的，这一点在理论上是较为明确的。但是，在实际的政策实践中，保障性住房的供给数量与入城低收入务工者的数量相比还是相对较少的，难以满足低收入群体的需求；并且保障性住房区位都远离城市中心区域，造成与之连带的诸如教育这样的公共服务水平也较为滞后，这也是不利于公共服务的受益归宿于低收入群体的。

由此可以看出公共品供给受益归宿问题甚为复杂，即使从理论上看似受益归宿显而易见的公共品供给，其在具体实施的过程中也会遇到各种各样的问题，有时甚至会出现公共品供给之间相互影响，要厘清其中每一项公共服务的收益归宿都需要严谨细致的理论和实证分析。

第三节　公共品受益归宿的政策意义

综上所述，对于公共品的受益归宿问题的分析，都需要建立在对具体公共服务深刻认识和理解之上，因为不同类型的公共服务其对于对象的影响都大相径庭，并没有一种较为统一的分析框架能够处理所有类型的公共品受益归宿问题，这也意味着未来这一领域的研究还有极大的拓展空间。政策实践方面，受益归宿分析是评估公共支出、公共服务政策的有力工具。尤其是在当前财政的财力水平,以及基本公共服务的供给现状和供给制度的条件下,如何将相对有限的财政资源分配到最有利于收入分配的公共品供给中是亟须深入研究的主题,公共品供给的受益归宿分析能够在理论和实证上为政策制定提供有益的参考:对于教育类的公共服务而言,其受益归宿更多的是受其空间分布因素的影响,但是也受诸如入学政策、教育质量等因素的影响,甚至房价、家庭教育投入等其他因素也会对受益归宿产生较大的影响。对于医疗类的公共服务而言,需要与社会医疗保险制度结合,不仅要分析谁获得更多的医疗服务,而且要观察社会为个体承担的医疗服务的成本,才能较为完整地得到受益归宿的真实情况,从理论和实证的研究结论看,医疗卫生公共服务较之教育公共服务其受益对象更倾向于归宿低收入群体。对于保障性住房而言,其在制度设计方面肯定是倾向于城市中的低收入者和农村入城务工者,加大保障性住房的供给力度是十分必要的,同时拓展保障房建设和供给的形式,将保障房供给作为稳增长、优民生的重要抓手。

第八章 结论与政策启示

第一节 主要结论

本书从理论和实证两个方面分析人口城市化背景下的公共品供给的收入分配效应,并借此讨论旨在优化收入分配的公共品供给策略。

在理论与实证上解释并检验了"公共品在城乡的供给分布与城乡收入分配"的关系。在理论上二者之间的关联较为直接:如果假设城乡居民劳动技能水平存在一个可变的差异,如果假设劳动力技能水平直接决定了劳动者的收入水平,那么城乡居民的收入差距会随着民生性公共品供给的分配而变动,并基于此可以构造出民生性公共品供给城乡分布对于城乡收入分配影响的理论联系。在城市化的背景下,城市化引起了城乡劳动者在城市内部产业的集聚与分工,本书的理论模型显示:他们之间的合作形式决定了技能水平的差异将会如何影响收入水平的差距,城乡人口的流动规模与城乡收入差距呈正相关关系,劳动技能水平差异与城乡收入差距也呈正相关关系。并且,通过实证研究也验证了一些主要的结论：

第一，民生性公共品供给水平的提升既有利于促进个人收入水平的提升，也有利于居民的收入分配的改善，因为民生性公共品中本身就具有普惠性的特征，因此这一结论能够得到很好的解释。偏向于城市的公共品供给策略是不利于城乡收入分配的改善的，这一点印证了理论推导的结果。并且实证研究也表明：在控制了工业化水平、地区经济发展水平以及公共品供给城市偏向后，城市化还是有利于改善城乡收入分配的。这表明，由数据所反映出的城市化发展与城乡收入分配恶化的悖论恰是由不尽合理的经济结构与公共品供给偏向造成的。

第二，研究了"公共品供给结构与城乡收入分配"的关系。具体而言，以增长为导向的公共品供给政策更倾向于经济性基础设施的供给，而本书构建的理论模型表明，城乡劳动力在城市产业间与产业内形成分工与合作。城乡劳动者技能水平的差异（即使在差异不扩大的情况时）决定了在此分工形式下，资本密集型产业的发展更有利于具有高技能劳动水平的诚实劳动者的收入上升。相比之下，农村入城务工者收入增长更为缓慢，从而扩大了城乡收入差距。更进一步思考，城市化发展必然要求资本向城市的集聚，这一点无可厚非，经济性公共品的大量供给事实上顺应或引导了这一要求。如果以资本集聚型产业发展为主，则增长的收益无疑更多地分配给具有技能与资产优势的城市居民；反之，若以劳动密集型产业发展为主，在城乡劳动存在分工合作的基础上，过量的农村劳动供给加之其较低的劳动技能水平，也难以使农村入城劳动者的收入更快上升。因此，资本品向城市集中以及经济性公共品的过量供给可能并不利于城乡收入分配的改善。在实证研究中，也基本证实了经济性公共品供给水平的提升会扩大城乡收入差距。

第三，从城乡收入差距的泰尔指数公式中可以推导出城市化具有改善城乡收入分配的作用。并且利用面板固定效应模型对该结论进行了检验，实证研究也支持城市化具有优化收入分配的作用。为了进一步验证，接下来使用"面板门槛模型"对城市化的非线性影响进行了检验，结果显示：随着城市化水平的上升，其对城乡收入分配的改善效果越来越小；并且对于"工业化水平"而言，在工业化水平较高的阶段，城市化具有更强的收入分配改善效果，反之当工业化水平较低时，城市化的城乡收入分配的改善效果较弱，尽管结果显著，但是门槛两侧的系数在绝对值上差别不大。以上的研究结论都较好地反映了与观察到的现实情况相符：在城市化初期，入城劳动者可以使农村居民收入显著改善，缩小城乡收入差距，但随着城市化进程的深入，制度弊端与城市病的逐渐突显则会抑制城乡收入差距的缩小。反观"工业化水平"，实证检验的结果并没有给出一个统一的结论，在基础设施投资热潮引发了工业化水平快速上升，尽管以基础设施为代表的经济性公共品供给会扩大城乡收入差距，且在一般的面板模型中经检验城市资本密集型产业发展（工业化水平提高）会扩大城乡收入差距，但在面板门槛模型中，以工业化水平为门槛变量，城市化对于城乡收入差距还是有缩小作用的，而且工业化水平较高的样本，城市化优化收入分配的作用就更强。对这一结论的解释可能在于：对于一般的面板数据模型，之所以工业化本身会扩大城乡收入差距，是因为控制住了城市化水平，此时无法通过人口流入来扩展工业化带来的分工合作，农村居民收入可能不会有明显的增长，从而表现出城乡收入差距在扩大；但是对于面板门槛模型，工业化只是作为门槛变量，在工业化程度较高时入城务工者可以从中得到更多的工作机会，能够促进收入增加，这可能是对这一现象的一个合理解释。总之，从这一部分的实证检验结果看，城市化对城乡收入分配的影响机制十分复杂，在这一主题下还有很多值得进一步研究的具体问题。

第四，研究公共品的受益归宿问题有助于从另一个视角分析公共品供给的收入分配效应。通过仔细探讨不同种类公共品的供给方式和供给特征可以从理论上得到：教育类公共品供给受益归宿对区域分布较为敏感，均等化供给水平与供给质量是较为关键的因素；医疗卫生类公共品供给受益主要归宿于中低收入群体，但这主要与医疗保险覆盖有较大的关系，且分级诊疗体系下有望进一步减轻低收入群体的医疗负担，使医疗卫生服务更大程度上向低收入群体倾斜；对于保障性住房建设，其受益归宿人群自然是低收入群体，但在政策实行过程中需要考虑投入规模和区位等问题，以最大化发挥保障性住房对于城市化的促进作用和收入分配的优化作用。

对于本书研究的主题，可以从以下五个方面尝试改进与深入研究：第一，可以从微观视角进一步研究影响城乡收入分配的个体因素与制度因素，考虑采用更为复杂的理论模型。第二，考虑城市居民资产拥有量对于城乡收入分配的作用，目前文献对这一问题无论是理论研究还是实证研究均涉及不深。第三，对于城乡人口流动对城乡收入差距影响的实证研究寻找适当的工具变量，或可以尝试采用联立方程的方法解决存在的内生性问题。第四，目前研究城市化的经济效应的文献多集中于经济增长方面，如果将相关的方法和工具应用于研究城市化与公共品供给效率的研究，可以借此发现城市化的集聚效应是否有利于公共品供给效率的提升。第五，充分利用现有的微观数据库，对诸如教育、医疗等公共品供给产生的受益归宿问题进行实证分析。

第二节　政策启示

根据本书研究的结论，可以为城市化进程中的公共品供给策略的制定提供有益的建议。

第一，公共品供给的绝对数量方面。理论和实证研究的结论显示，民生性公共品供给绝对水平的提升是有助于改善收入分配的。因此，对于民生性公共品需要政府加大投入的力度,尽管在当下地方财政收入增速有所放缓,但是财政保民生的职能更需要强调,可以通过提高民生性公共品供给效率来提升公共品供给水平;同时注意公共品供给的质量,尤其是做好教育、医疗体系的相关改革,借助社会资本多元化的供给民生性公共服务,使得有更多的公共资源可以用于基本公共服务的供给,从而有效提高全民获得基本公共服务的平均水平。

第二,公共品供给的相对结构方面。需要从两个方面来认识公共品供给的结构问题:一方面是公共品在城乡之间的空间分布结构;另一方面是公共资源在经济性和民生性之间的分配,从而形成经济性公共品和民生性公共品的结构关系。对于这两方面的结构问题,本书都给予了详细的讨论。其一,公共品在城乡间的分布问题对于收入分配具有显而易见的影响,与多数研究思路略有不同的是,本书所强调的公共品供给的城乡偏向更侧重于解释城乡劳动在入城前便已经在竞争同等收入上处于劣势,而公共品供给的结构偏向则是在城市产业结构方面不利于农村入城务工者收入上升。这一结论的现实意义在于,公共服务供给不仅应该在城市常住人口中实现均等化供给,更应该在对城乡居民在城乡两地实现供给均等化,这对于改善城乡收入分配,进而有效地改善全体居民的收入分配状况具有重要意义。其二,经济性公共品与民生性公共品的比例对于收入分配的影响是一个较为深层次的问题。从理论和实证的研究结果看,过于倾向经济性公共品的供给策略是不利于优化城乡收入分配的。这给我们的政策启示在于要注意两种公共品供给的比例关系,但是不能简单地认为限制经济性公共品供给是必要的。近年来,虽然基础设施(经济性公共品)建设的增速有所放缓,但是从我国的经济体量来衡量,其在绝对水平上还有较大的缺口,尤其是在新兴产业引致的基础设施需求(如信息基础设施、新能源基础设施等)还远得不到满足,应该说基础设施的建设是我国未来很长一段时期经济发展所必需的,但是也需要在供给过程中防止财政负担过重而造成失衡。

从经济性公共品供给的方式来看，我国的基础设施建设以政府引导为主，建设资金大部分并非直接来源于政府的财政收入，但需要政府以所掌握的资产（多数为土地资产）以及财政收入（现在的或未来的）作为担保向社会融资，一旦基础设施投资效益偏低，就有可能影响到地方财政良性运转。综上所述，政府承担经济性公共品供给责任时，应当把握适度超前的原则，因为过度供给不仅不利于收入平等，也直接会损害经济效率。对于诸如基础设施类型的公共品，大部分都具有"排他性特征"，其供给任务完全可以交由市场完成或是进行公私合作（例如基础设施的PPP项目），应当充分信任市场的分散决策机制，它能充分吸收各方信息，在市场的均衡条件下做出更为理性的供给决策。这既有利于解决投融资效率低下的问题，也有助于改善民生，将宝贵的财政资源投入到民众更为需要的民生性公共品，在促进社会和谐发展的同时，也可为未来的人口素质提升打下基础。

第三，城市化的收入分配效应。从理论和实证的结果看，城市化本身就有助于改善城乡收入分配，因此坚定地施行新型城镇化战略本身就具有缩小收入差距的作用。具体来看，城市化的收入分配效应需要联合其他因素共同分析，本书在研究中加入了"工业化"作为门槛变量，实证研究发现工业化水平比较高的样本其城市化进程具有更强的优化收入分配的作用，这意味着工业化作为实体经济的核心力量具有带动地区经济整体发展的重要作用，可以带动诸如服务业等行业发展，这时人口城市化具有较好的就业基础，入城务工者也会有更好的收入，从而使城市化具有更强的改善收入差距的作用。从这里可以看出，新型工业化与加快制造业产业升级不仅是提升经济增长动力的关键，也是促进居民收入增长的根本动力，因此改善收入分配其实与产业发展之间是相辅相成的。与此同时，民生性公共品供给水平也要与城市化进程保持同步，在推进城市化进程的同时，既要防止盲目扩张造城，也要防止快速人口集聚而引发城市病。解决这一问题的关键在于科学合理地配置政府掌握的财政资源，使经济增长与社会平等得到兼顾；同时提高政府公共品的供给效率，深化城市户籍制度改革，加强新型农村土地流转机制建设，这样才能使城乡居民得以公正合理地分享经济增长的成果。

第四，公共品供给的具体方式方面。要根据不同公共品的供给和受益特征制定相应的供给策略。对于教育公共服务，要重视城乡间公共教育投入的平衡，这是关系到该服务受益归宿最重要的因素，同时努力提高教育服务的质量，可以尝试借助新的教学技术和手段，弥补城乡教育质量的差距。对于医疗公共服务，需要尽快完善分级诊疗体系，合理配置较为紧张的公共医疗资源；提高居民医疗保险的水平，切实减轻低收入家庭就医的负担。此外，保障性住房建设也是直接与居民收入分配高度相关的公共品，需要尽快提高各地区保障性住房的建设水平，使之尽量能为农村入城务工者提供更好的住房保障，从而为入城人口留在城市、稳定就业、逐步提高收入水平、改善生活状况打下基础。

参考文献

[1] A. F. Shorrocks. The Class of Additively Decomposable Inequality Measures [J]. Econometrica, 1980, 48 (3): 613-625.

[2] A. F. Shorrocks. Inequality Decomposition by Factor Component [J]. Econometrica, 1982, 50 (1): 193-211.

[3] A. F. Shorrocks. Inequality Decomposition by Population Subgroups [J]. Econometrica, 1984, 52 (6): 1369-1385.

[4] Aaron, McGuire. Public Goods and Income Distribution [J]. Econometrica, 1970, 38 (6): 907-920.

[5] Arellano M. and S. Bond. Some Tests of Specification for Panel Data: Monte Carlo Evidence and an Application to Employment Equations [J]. Review of Economic Studies, 1991, 58: 277-297.

[6] Besley, Timothy and Stephen Coate. Centralized versus Decentralized Provision of Local Public Goods: A Political Economy Approach [J]. Journal of Public Economics, 2003, 87: 2611-2637.

[7] Blinder, Alan S. Wage Discrimination: Reduced form and Structural Estimates [J]. Journal of Human Resources, 1973, 8: 436-455.

[8] Blundell R. and S. Bond. Initial Conditions and Moments Restrictions in Dynamic Panel Data Models [J]. Journal of Econometrics, 1998, 87: 115 – 143.

[9] Bond S. Dynamic Panel Data Models: A Guide to Micro Data Methods and Practic [J]. Portuguese Economic Journal, 2002 (1): 141 – 162.

[10] Bourguignon, Francois, Fournier, Martin, Gurgand, Mark. Fast Development with a Stable Income Distribution: Taiwan, 1979 – 1994 [J]. Review of Income and Wealth, 2001, 47: 139 – 163.

[11] Bruce. E. Hansen. Threshold Effect in Non – dynamic Panels: Estimation, Testing, and Inference [J]. Journal of Econometrics, 1999, 93: 345 – 368.

[12] Cai Hongbin, and Daniel Treisman. Does Competition for Capital Discipline Governments? Decentralization, Globalization, and Public Policy [J]. American Economic Review, 2005, 6: 817 – 830.

[13] Cancian, Maria, Reed, Deborah. Assessing the Effects of Wives Earning on Family Income Inequality [J]. Review of Economics and Statistics, 1998, 80: 73 – 79.

[14] Chang, H. G. Urbanization and Unemployment in China [M] //A. Chen, G. G. Liu, and K. Zhang. Urbanization and Social Welfare in China. UK: Ashgate, 2003.

[15] Cheng Hsiao. Analysis of Panel Dada (2nd Ed) [M]. Cambridge: Cambridge University Press, 2003.

[16] Corden W., Findlay R. Urban Unemployment, Intersectoral Capital Mobility and Development Policy [J]. Econometrica, 1975, 42: 59 – 78.

[17] D. Gale Johnson. Agricultural Adjustment in China: Problems and Prospects [J]. Population and Development Review, 2000.

[18] Demurger S., Gurgand M., Shi Li, Ximing Yue. Migrants as Second

Class Workers in Urban China? A Decomposition Analysis [J]. Journal of Comparative Economics, 2009, 37 (4).

[19] Dolmas J. and Huffman G. W. On the Political Economy of Immigration and Income Redistribution [J]. International Economic Review, 2004, 45 (4): 1129 – 1168.

[20] F. Javier Arzedel Granado, Jorge Martinez – Vazquez, Robert McNab. Fiscal Decentralization and The Functional Composition of Public Expenditures [R]. International Center of Public Policy Working Paper Series, 2005.

[21] Fan, S. and X. Zhang. Infrastructure and Regional Economic Development in Rural China [J]. China Economic Review, 2004, 15: 203 – 214.

[22] G. J. Stigler. Director Law of Public Income Redistribution [J]. Journal of Law and Economics, 1970, 13 (1): 1 – 10.

[23] Galiani, S. and E. Schargrodsky. School Decentralization and Education Quality: The Role of Fiscal Deficits [M]. Washington, DC: World Bank, 2002.

[24] Gary S. Field, Gyeongjoon Yoo. Falling Labor Income Inequality in Korea's Economic Growth: Patterns and Underlying Causes [J]. Review of Income and Wealth, Series 46, 2000, 2: 139 – 159.

[25] George J. Stigler. Director's Law of Public Income Redistribution [J]. Journal of Law and Economics, 1970, 13 (1): 1 – 10.

[26] Glaeser, E. and Mare, D. C. Cities and Skills [J]. Journal of Labor Economics, 2001, 19 (2): 316 – 342.

[27] Gollin D., Parente S. and Rogerson R. The Role of Agriculture in Development [J]. The American Economic Review, 2002, 92 (2): 160 – 164.

[28] Guanghua Wan. Accounting for Income Inequality in Rural China: A Regression – based Approach [J]. Journal of Comparative Economics, 2004, 32:

348 – 363.

[29] Gustafsson, B. , Li, Shi and Sicular, T. Inequality and Public Policy in China [M]. Cambridge University Press, 2008.

[30] Hansen, B. E. Inference When a Nuisance Parameter is not Identified Under the Null Hypothesis [J]. Econometrica, 1996, 64: 413 – 430.

[31] Harris, J. R. and Todaro, M. P. Migration Unemployment and Development: A Two – sector Analysis [J]. American Economic Review, 1970, 60: 126 – 142.

[32] Henderson, J. V. The Urbanization Process and Economic Growth: the So – what Question [J]. Journal of Economic Growth, 2003, 8: 47 – 71.

[33] Henderson, J. V. Urbanization in China: Policy Issues and Options [EB/OL]. www. econ. edu //henderson /finalreport – 2007050221.

[34] Henderson, J. V. How Urban Concentration Affects Economic Growth [R]. The World Bank, Policy Research Working Paper, 2000, No. 2326.

[35] Henry Aaron, Martin Mc Guire. Public Goods and Income Distribution [J]. Econometrica, 1970, 38 (6): 907 – 920.

[36] Hongbin Li, Li – An Zhou. Political Turnover and Economic Performance: the Incentive Role of Personnel Control in China [J]. Journal of Public Economics, 2005, 89: 1743 – 1762.

[37] J. Paul Elhorst. Applied Spatial Econometrics: Rising the Bar Spatial [J]. Economic Analysis, 2010, 5: 1, 9 – 28.

[38] J. R. Behrman, S. G. Craig. The Distribution of Public Services: An Exploration of Local Governmental Preferences [J]. The American Economic Review, 1987, 77 (1): 37 – 49.

[39] Jere R. Behrman, Steven G. Craig. The Distribution of Public Services:

An Exploration of Local Governmental Preferences [J]. The American Economic Review, 1987, 77 (1): 37 -49.

[40] Jin, H., Y. Qian and B. Weignast. Regional Decentralization and Fiscal Incentives: Federalism, Chinese Style [J]. Journal of Public Economics, 2005, 89: 1719 - 1742.

[41] Jorge Martinez - Vazquez, Panupong Panudulkitti, Andrey Timofeev. Urbanization and the Poverty Level [N]. Working Paper, 2009.

[42] Justin Yifu Lin. Rural Reforms and Agricultural Growth in China [J]. American Economic Review, 1992, 82 (3): 34 -51.

[43] Kemmerling, A. and A. Stephan. The Contribution of Local Public Infrastructure to Private Productivity and Its Political Economy: Evidence from a Panel of Large German Cities [J]. Public Choice, 2002, 113 (34): 403 -424.

[44] Kevin Honglin Zhang, Shunfeng Song. Rural - urban Migration and Urbanization in China: Evidence from Time - series and Cross - section Analyses [J]. China Economic Review, 2003, 14: 386 -400.

[45] Knight, J. and Song, L. The rural - urban divide: Economic disparities and interactions in China [M]. Oxford: Oxford University Press, 1999.

[46] Kremer, Michael and Eric Maskin. Wage Inequality and Segregation by Skill [N]. NBER Working Paper, 5718, 1996.

[47] Krugman Paul. Increasing Returns and Economic Geography [J]. The Journal of Political Economy, 1991, 99 (3): 483 -499.

[48] Lawrence J. Lau, Y Qiao, and Gerard Roland. Reform without Losers: An Interpretation of Chinas Dual - Track Approach to Transition [J]. Journal of Political Economy, 2000, 108 (1): 120 -143.

[49] Lewis W. A. The Theory of Economic Growth [M]. Homewood, IL:

Irwin, 1955.

[50] Lind A., W. Marchal and R. Mason. Statistical Techniques in Business and Economics [M]. MaGraw - Hill, Irwin, 2002.

[51] Ludema, Rodney D. and Ian Wooton. Economic Geography and the Fiscal Effects of Regional Integration [J]. Journal of International Economics, 2000, 52 (2): 331 -357.

[52] Meng Xin and Zhang, Junsen. The Two - Tier Labor Market in Urban China Occupational Segregation and Wage Differentials between Urban Residents and Rural Migrants in Shanghai [J]. Journal of Comparative Economics, 2001, 29: 485 -504.

[53] Morduch J. Reforming Poverty Alleviation Policies [M] //Krueger, A. Economic Policy Reform: The Second Stage. University of Chicago Press, Chicago, 2000.

[54] Morduch J., Sicular T. Rethinking Inequality Decomposition, with Evidence from Rural China [J]. Royal Economic Society, 2002, 1: 93 -105.

[55] Murata Yasusada. Product Diversity, Taste Heterogeneity, and Geographic Distribution of Economic Activities: Market Vs. Non - Market Interactions [J]. Journal of Urban Economics, 2003, 53 (1): 126 -144.

[56] Oates W. Fiscal Federalism [M]. Harcourt Brace, New York, 1972.

[57] Oates W. A Essay on Fiscal Federalism [J]. Journal of Economic Literature, 1999, 37: 1120 -1149.

[58] Parente S. and Prescott E. Barriers to Technology Adoption and Development [J]. The Journal of Political Economy, 1994, 102: 298 -321.

[59] Pfluger. Michael. A Simple, Analytically Aolvable, Chamberlinian Agglomeration Model [J]. Regional Science and Urban Economics, 2004, 34:

565 – 573.

[60] Qian Y. and G. Roland. Federalism and the Soft Budget Constraint [J]. American Economic Review, 1998, 88 (5): 1143 – 1149.

[61] Ramani Gunatilaka, Duangkamon Chotikapanich. Inequality Trends and Determinants in Sri Lanka 1980 – 2002: A Shapley Approach to Decomposition [R]. Monash Econometrics and Business Statistics Working Papers, 2006.

[62] Randolph S., Z. Bogetic and D. Hefley. Determinants of Public Expenditure on Infrastructure Transportation and Communication [R]. World Bank Policy Research Working Paper: Washington D. C, 1996.

[63] Rauch J. E. Bureaucracy, Infrastructure, and Economic Growth: Evidence from US Cities during the Progressive Era [J]. American Economic Review, 1995, 85 (4): 968 – 979.

[64] Ravallion M., Shaohua Chen P. Sangraula. New Evidence on the Urbanization of Global Poverty [R]. World Bank Policy Research Working Paper, 2007.

[65] Ravi Kanbur, Xiaobo Zhang. Which Regional Inequality? The Evolution of Rural – Urban and Inland – Coastal Inequality in China from 1983 to 1995 [J]. Journal of Comparative Economics, 1999, 27: 686 – 701.

[66] Solinger Dorothy J. Contesting Citizenship in Urban China: Peasant Migrants, the State, and the Logic of the Market [M]. Berkeley: University of California Press, 1999.

[67] Tabuchi, Takatoshi and Jacques – Franois Thisse. Taste Heterogeneity, Labor Mobility and Economic Geography [J]. Journal of Development Economics, 2002, 69 (1): 155 – 177.

[68] Taylor J. Edward and Philip L. Martin. Human Capital: Migration and

Rural Population Change [J]. Handbook of Agricultural Economics, 2001: 457 – 511.

[69] Tiebout. A Pure Theory of Local Expenditure [J]. Journal of Political Economy, 1956, 64 (5): 416 –424.

[70] Todaro, M. P. A Model of Labor Migration and Urban Unemployment in Less Developed Countries [J]. American Economic Review, 1969, 59: 138 – 148.

[71] Vazquez, Panudulkitti, Timofeev. Urbanzation and the Poverty Lever [N]. Working Paper, 2009.

[72] Verner, D. Poverty in Rural and Semi urban Mexico During 1992 – 2002 [R]. World Bank Policy Research Working Paper, 2005: 3576.

[73] Wang, S. Poverty Targeting in the People's Republic of China [M] // Weiss J. Poverty Targeting in Asia. Edward Elgar, Cheltenham, United Kingdom, 2005.

[74] Weingast, Barry R. Second Generation Fiscal Federalism: Implications for Decentralized Democratic Governance and Economic Development [R]. Working Paper, Hoover Institution, and Department of Political Science, Stanford University, 2006.

[75] William H. Green, Econometric Analysis [M]. Prentice Hall, 2003.

[76] Woodridge, J. Econometric Analysis of Cross Sect ion and Panel Data [M]. Cambridge, MA: The MIT Press, 2003.

[77] Wooldridge, Jeffrey M. Econometric Analysis of Cross Section and Panel Data [M]. Cambrage, MA: MIT Press, 2002.

[78] World Bank. Fiscal Decentralization and Rural Health Care in China [N]. Working Paper, 2006.

[79] Wu Ximing, Perloff Golan. Effect of Government Policies on Income Dis-

tribution and Welfare [N]. Working Paper, 2002.

[80] Xiaobo Zhang. Fiscal Decentralization and Political Centralization in China: Implications for Growth and Inequality, 2006, 34: 713 - 726.

[81] Yang, Dennis Tao. Urban - Biased Policies and Rising Income Inequality in China [J]. American Economic Review, 1999, 89 (2): 306 - 310.

[82] Zhang, T. and H. Zou. Fiscal Decentralization, Public Spending, and Economic Growth in China [J]. Journal of Public Economics, 1998, 67: 221 - 240.

[83] Zhuravskaya, Ekaterina, V. Incentives to Provide Local Public Goods: Fiscal Federalism, Russian Style [J]. Journal of Public Economics, 2000, 76: 337 - 368.

[84] 安虎森, 严银根, 朴银哲. 城市高房价和户籍制度: 促进或抑制城乡收入差距扩大? ——中国劳动力流动和收入差距扩大悖论的一个解释 [J]. 世界经济文汇, 2011 (4): 41 - 54.

[85] 白雪梅. 教育与收入不平等: 中国的经验研究 [J]. 管理世界, 2004 (6).

[86] 白重恩, 钱震杰. 谁在挤占居民的收入——中国国民收入分配格局分析 [J]. 中国社会科学, 2009 (5): 99 - 115.

[87] 蔡昉, 万广华. 中国转轨时期收入差距与贫困 [M]. 北京: 社会科学文献出版社, 2006.

[88] 蔡昉, 王美艳. 为什么劳动力流动没有缩小城乡收入差距 [J]. 经济学动态, 2009 (8): 4 - 10.

[89] 蔡昉. 城乡收入差距与制度变革的临界点 [J]. 中国社会科学, 2003 (5): 16 - 25.

[90] 蔡萌, 岳希明. 我国居民收入不平等的主要原因: 市场还是政府政

策［J］. 财经研究, 2016（4）: 4-14.

［91］蔡萌, 岳希明. 中国社会保障支出的收入分配效应研究［J］. 经济社会体制比较, 2018（1）: 36-44.

［92］蔡跃洲. 转型社会中财政对收入分配的影响——基于我国不同发展阶段的理论实证［J］. 财经研究, 2008（11）: 4-15.

［93］曹裕, 陈晓红, 马跃如. 城市化、城乡收入差距与经济增长——基于我国省级面板数据的实证研究［J］. 统计研究, 2010（3）: 29-36.

［94］陈安平, 杜金沛. 中国的财政支出与城乡收入差距统计研究［J］. 2010（11）: 34-39.

［95］陈斌开, 杨依山, 许伟. 中国城镇居民劳动收入差距演变及其原因: 1990-2005［J］. 经济研究, 2009（12）: 30-42.

［96］陈斌开, 张鹏飞, 杨汝岱. 政府教育投入、人力资本投资与中国城乡收入差距［J］. 管理世界, 2010（1）: 36-43.

［97］陈抗, Arye L. Hillman, 顾清扬. 财政集权与地方政府行为变化——从援助之手到攫取之手［J］. 经济学（季刊）, 2002（1）: 111-127.

［98］陈昆亭, 龚六堂, 邹恒甫. 基本 RBC 方法模拟中国经济的数值试验［J］. 世界经济, 2004（2）.

［99］陈诗一, 张军. 中国地方政府财政支出效率研究: 1978-2005［J］. 中国社会科学, 2008（4）.

［100］陈硕. 分税制改革、地方财政自主权与公共品供给［J］. 经济学（季刊）, 2010（4）: 1427-1446.

［101］陈钊, 陆铭. 从分割到融合: 城乡经济增长与社会和谐的政治经济学［J］. 经济研究, 2008（1）.

［102］陈钊, 万广华, 陆铭. 行业间不平等: 日益重要的城镇收入差距成因——基于回归方程的分解［J］. 中国社会科学, 2010（3）: 65-76.

[103] 程开明, 李金昌. 城市偏向、城市化与城乡收入差距的作用机制及动态分析 [J]. 数量经济技术经济研究, 2007 (7): 116-125.

[104] 邓金钱, 何爱平, 张娜. 地方财政支出结构、城镇化与城乡收入差距——基于中国省际面板 VAR 的再检验 [J]. 软科学, 2016 (5): 26-30.

[105] 邓可斌, 丁菊红. 转型中的分权与公共品供给: 基于中国经验的实证研究 [J]. 财经研究, 2009 (3).

[106] 邓旋. 财政支出规模、结构与城乡收入不平等——基于中国省级面板数据的实证分析 [J]. 经济评论, 2011 (4): 63-69.

[107] 丁志国, 赵宣凯, 赵晶. 直接影响与空间溢出效应: 我国城市化进程对城乡收入差距的影响路径识别 [J]. 数量经济技术经济研究, 2011 (9): 118-130.

[108] 杜方, 朱军. 地方政府间财政支出竞争与民生财政的主动性——基于公共教育支出的实证研究 [J]. 安徽大学学报 (哲学社会科学版), 2009 (3): 141-145.

[109] 范剑勇. 产业集聚与地区间劳动生产率差异 [J]. 经济研究, 2006 (11).

[110] 范晓莉. 城市化、财政分权与中国城乡收入差距相互作用的计量分析 [J]. 现代财经, 2012 (3): 44-53.

[111] 方红生, 张军. 中国地方政府竞争、预算软约束与扩张偏向的财政行为 [J]. 经济研究, 2009 (12): 4-16.

[112] 傅十和, 洪俊杰. 企业规模、城市规模与集聚经济 [J]. 经济研究, 2008 (11): 112-125.

[113] 傅勇, 张晏. 中国式分权与财政支出结构偏向: 为增长而竞争的代价 [J]. 管理世界, 2007 (3).

[114] 傅勇. 财政分权、政府治理与非经济性公共物品供给 [J]. 经济

研究, 2010 (8): 4-15.

[115] 傅勇. 中国的分权为何不同: 一个考虑政治激励与财政激励的分析框架 [J]. 世界经济, 2008 (11).

[116] 官锡强. 从台湾农村城市化模式看广西农村城镇化的路径选择 [J]. 城市发展研究, 2007 (3): 20-25.

[117] 郭剑雄. 人力资本、生育率与城乡收入差距的收敛 [J]. 中国社会科学, 2005 (3): 27-37.

[118] 郭军华. 中国城市化对城乡收入差距的阈值效应——基于我国省际面板数据的实证研究 [J]. 山西财经大学学报, 2009 (11): 23-29.

[119] 郭亮, 陈乐一. 财政分权、房价与城乡收入差距——基于中国省际面板数据的实证分析 [J]. 财经论丛, 2015 (4): 28-36.

[120] 郭庆旺, 贾俊雪. 财政分权、政府组织结构与地方政府支出规模 [J]. 经济研究, 2010 (11): 59-72.

[121] 韩其恒, 李俊青. 二元经济下中国城乡收入差距的动态演化研究 [J]. 金融研究, 2011 (8): 15-29.

[122] 贺大兴, 姚洋. 社会平等、中性政府与中国经济增长 [J]. 经济研究, 2011 (1): 4-17.

[123] 洪兴建. 基尼系数理论研究 [M]. 北京: 经济科学出版社, 2008.

[124] 洪源, 杨司键, 秦玉奇. 民生财政能否有效缩小城乡居民收入差距 [J]. 数量经济与技术经济研究, 2014 (7): 3-20.

[125] 洪银兴. 城乡差距与城乡统筹发展的优先次序 [J]. 当代经济研究, 2008 (1): 38-43.

[126] 黄亚生. "中国模式"到底有多独特？ [M]. 北京: 中信出版社, 2011.

[127] 黄智淋, 赖小琼. 我国通货膨胀对城乡收入差距的非线性影响——基于门限回归模型的分析 [J]. 经济学动态, 2011 (1): 56-60.

[128] 贾俊雪, 宁静. 地方政府支出规模与结构的居民收入分配效应及制度根源 [J]. 经济理论与经济管理, 2011 (8): 24-31.

[129] 蒋洪, 马国贤, 赵海利. 公共高等教育利益归宿的分布及成因 [J]. 财经研究, 2002 (3): 8-16.

[130] 江一涛. 中国省际城乡收入差距的收敛性及其非线性——基于动态面板模型和门限面板模型的研究 [J]. 当代财经, 2010 (6): 19-25.

[131] 解垩. 财政分权、公共品供给与城乡收入差距 [J]. 经济经纬, 2007 (1): 27-30.

[132] 雷根强, 蔡翔. 初次分配扭曲、财政支出城市偏向与城乡收入差距 [J]. 数量经济技术经济研究, 2012 (3): 32-46.

[133] 李斌, 李拓, 朱业. 公共服务均等化、民生财政支出与城市化——基于中国286个城市面板数据的动态空间计量检验 [J]. 中国软科学, 2015 (6): 79-90.

[134] 李丹, 裴育. 城乡公共服务差距对城乡收入差距的影响研究 [J]. 财经研究, 2019 (4): 111-139.

[135] 李实, 罗楚亮. 中国城乡居民收入差距的重新估计 [J]. 北京大学学报 (哲学社会科学版), 2007 (2): 111-118.

[136] 李实, 罗楚亮. 中国收入差距究竟有多大——对修正样本结构偏差的尝试 [J]. 经济研究, 2011 (4): 68-78.

[137] 李实, 赵人伟. 中国居民收入分配再研究 [J]. 经济研究, 1999 (4): 3-17.

[138] 李实. 中国收入分配中的几个主要问题 [J]. 探索与争鸣, 2011 (4): 8-12.

[139] 李涛, 周业安. 中国地方政府间支出竞争研究——基于中国省级面板数据的经验证据 [J]. 管理世界, 2009 (2): 12-22.

[140] 李婉. 财政分权与地方政府支出结构偏向——基于中国省级面板数据的研究 [J]. 上海财经大学学报, 2007 (5): 75-82.

[141] 李小玉, 郭文. 基于面板数据的中部地区产业结构与城乡收入差距关系的实证研究 [J]. 企业经济, 2011 (12): 136-141.

[142] 李永友. 公共卫生支出增长的收入再分配效应 [J]. 中国社会科学, 2017 (5): 63-82.

[143] 李永友, 郑春荣. 我国公共医疗服务受益归宿及其收入分配效应——基于入户调查数据的微观分析 [J]. 经济研究, 2016 (7): 132-146.

[144] 李子奈等. 计量经济学模型方法论 [M]. 北京: 清华大学出版社, 2011.

[145] 廖信林. 财政支出、城市化对城乡收入差距的作用机理及动态分析 [J]. 软科学, 2012 (4): 33-38.

[146] 林光彬. 等级制度、市场经济与城乡收入差距扩大 [J]. 管理世界, 2004 (4).

[147] 林毅夫, 蔡昉, 李同. 中国的奇迹: 发展战略与经济改革 [M]. 上海: 上海三联书店, 上海人民出版社, 1994.

[148] 林毅夫. 中国的城市发展与农村现代化 [J]. 北京大学学报 (哲学社会科学版), 2002 (4): 12-15.

[149] 刘穷志. 公共支出归宿: 中国政府公共服务落实到贫困人口手中吗? [J]. 管理世界, 2007 (4): 60-67.

[150] 刘尚希. 基本公共服务均等化: 现实要求和政策路径 [J]. 浙经论坛, 2007 (13): 24-27.

[151] 刘晓峰, 陈钊, 陆铭. 社会融合与经济增长——城市化和城市发

展的内生政策变迁理论 [J]. 世界经济, 2010 (6).

[152] 刘学军, 赵耀辉. 劳动力流动对城市劳动力市场的影响 [J]. 经济学 (季刊), 2009 (2).

[153] 卢洪友, 陈思霞. 谁从增加的财政转移支付中受益——基于中国县级数据的实证分析 [J]. 财贸经济, 2012 (4): 24-32.

[154] 卢洪友, 杜亦譞. 中国财政再分配与减贫效应的数量测度 [J]. 经济研究, 2019 (2): 4-20.

[155] 卢洪友, 刘丹. 贫困地区农民真的从"新农合"中受益了吗 [J]. 中国人口·资源与环境, 2016 (2): 69-75.

[156] 陆铭, 陈钊. 城市化、城市倾向的经济政策与城乡收入不平等 [J]. 经济研究, 2004 (6): 50-58.

[157] 陆铭, 向宽虎, 陈钊. 中国的城市化和城市体系调整: 基于文献的评论 [J]. 世界经济, 2011 (6): 3-25.

[158] 陆云航. 要素积累、政府政策与我国城乡收入差距 [J]. 当代财经, 2006 (4): 5-13.

[159] 罗能生, 彭郁. 交通基础设施建设有助于改善城乡收入公平吗?——基于省级空间面板数据的实证检验 [J]. 产业经济研究, 2016 (4): 100-110.

[160] 吕承超. 中国社会保障支出缩小了城乡收入差距吗——基于规模与结构的动态面板模型分析 [J]. 农业技术经济, 2017 (5): 98-110.

[161] 吕炜, 许宏伟. 土地财政、城市偏向与中国城乡收入差距 [J]. 财贸经济, 2015 (6): 45-56.

[162] 马草原, 李运达, 宋树仁. 城镇居民收入差距变动轨迹的总体特征及分解分析: 1988-2008 [J]. 经济与管理研究, 2010 (9): 10-18.

[163] 毛其淋. 经济开放、城市化水平与城乡收入差距——基于中国省

际面板数据的经验研究［J］. 浙江社会科学, 2011（1）: 11-22.

［164］平新乔, 白洁. 中国财政分权与地方公共品的供给［J］. 财贸经济, 2006（2）: 49-55.

［165］乔宝云, 范剑勇, 冯兴元. 中国的财政分权与小学义务教育［J］. 中国社会科学, 2005（6）.

［166］秦美萍, 孙俊华. 江苏省中职教育公共支出的受益分布研究［J］. 职业技术教育, 2017（36）: 59-63.

［167］屈小博, 都阳. 中国农村地区间居民收入差距及构成变化: 1995—2008年［J］. 经济理论与经济管理, 2010（7）: 74-80.

［168］瞿晶, 姚先国. 城镇居民收入不平等分解研究［J］. 统计研究, 2011（11）: 51-55.

［169］权衡, 徐琤. 收入分配差距的增长效应分析: 转型期中国经验［J］. 管理世界, 2002（5）: 47-54.

［170］沈坤荣, 余吉祥. 农村劳动力流动对中国城镇居民收入的影响——基于市场化进程中城乡劳动力分工视角的研究［J］. 管理世界, 2011（3）: 58-65.

［171］沈凌, 田国强. 贫富差别、城市化与经济增长——一个基于需求因素的经济学分析［J］. 经济研究, 2009（1）: 17-29.

［172］宋建, 王静. 人口迁移、户籍城市化与城乡收入差距的动态收敛性分析——来自262个地级市的证据［J］. 人口学刊, 2018（5）: 86-99.

［173］苏华, 陈伟华, 陈文俊. 要素生产率与要素配置作用下的中国城乡收入差距［J］. 经济地理, 2012（4）: 44-48.

［174］孙宁华, 堵溢, 洪永淼. 劳动力市场扭曲、效率差异与城乡收入差距［J］. 管理世界, 2009（9）: 44-52.

［175］孙文杰. 地方政府财政支出结构与公共品供给机制剖析——基于

城乡差异视角的实证研究 [J]. 当代财经, 2008 (1): 28-33.

[176] 陶然, 徐志刚. 城市化、农地制度与迁移人口社会保障: 一个转轨中发展的大国视角与政策选择 [J]. 经济研究, 2005 (12): 45-56.

[177] 万广华, 朱翠萍. 中国城市化面临的问题与思考: 文献综述 [J]. 世界经济文汇, 2010 (6): 106-116.

[178] 万广华. 经济发展与收入不平等: 方法和证据 [M]. 上海: 上海三联书店, 上海人民出版社, 2006.

[179] 汪崇金, 许建标. 我国公共教育支出受益, 孰多孰寡? ——基于"服务成本方法"的受益归宿分析 [J]. 财经研究, 2012 (2): 4-15.

[180] 汪立鑫, 王彬彬, 黄文佳. 中国城市政府户籍限制政策的一个解释模型: 增长与民生的权衡 [J]. 经济研究, 2010 (11): 115-126.

[181] 王国刚. 城镇化: 中国经济发展方式转变的重心所在 [J]. 经济研究, 2010 (12): 70-81.

[182] 王洪亮, 徐翔. 收入不平等孰甚: 地区间抑或城乡间 [J]. 管理世界, 2006 (11): 41-50.

[183] 王杰茹, 岳军. 政府高等教育支出受益的地区差异分析——基于泰尔指数分解效应 [J]. 当代财经, 2017 (8): 26-37.

[184] 王俊. 中国政府卫生支出规模研究 [J]. 管理世界, 2007 (2): 27-36.

[185] 王鹏. 我国劳动力市场上工资收入差距的决定因素——基于夏普里值过程的回归方程分析 [J]. 财经研究, 2012 (2): 39-48.

[186] 王韧. 中国城乡收入差距变动的成因分析: 兼论"倒U"假说的适用性 [J]. 统计研究, 2006 (4): 14-20.

[187] 王少国. 我国城乡收入差距的地区类型分析 [J]. 技术经济与管理研究, 2011 (5): 85-88.

[188] 王少平,欧阳志刚. 我国城乡收入差距的度量及其对经济增长的效应[J]. 经济研究, 2007 (10): 44-55.

[189] 王世磊,张军. 中国地方官员为什么要改善基础设施:一个关于官员激励机制的模型[J]. 经济学(季刊), 2008, 7 (2): 383-398.

[190] 王卫,汪峰,张宗益. 给予人口特征的收入差距分解分析——以重庆市为例[J]. 统计研究, 2007 (3): 62-67.

[191] 王小鲁. 中国城市化路径与城市规模的经济学分析[J]. 经济研究, 2010 (10): 20-32.

[192] 王亚柯,程玉. 社会保障制度的再分配效应:收入与财产[J]. 浙江大学学报(人文社会科学版), 2018 (11): 140-154.

[193] 王艺明,蔡翔. 财政支出结构与城乡收入差距——基于东、中、西部地区省级面板数据的经验分析[J]. 财经科学, 2010 (8): 49-57.

[194] 王瑜,汪三贵. 基于夏普里值过程的农村居民收入差距分解[J]. 中国人口·资源与环境, 2011 (8): 15-21.

[195] 王子敏. 我国城市化与城乡收入关系再检验[J]. 经济地理, 2011 (8): 1289-1293.

[196] 韦伟,傅勇. 城乡收入差距与人口流动模型[J]. 中国人民大学学报, 2004 (6): 16-22.

[197] 魏众, B. 古斯塔夫森. 中国居民医疗支出不公平性分析[J]. 经济研究, 2005 (12): 14-19.

[198] 温娇秀. 我国城乡教育不平等与收入差距扩大的动态研究[J]. 当代经济科学, 2007 (9): 40-46.

[199] 吴强,彭方平. 动态面板模型及我国经济增长收敛性研究[J]. 统计研究, 2007 (6): 28-31.

[200] 徐超. 民生支出与收入差距是否呈倒 U 型关系——省级面板数据

的实证检验 [J]. 现代财经, 2015 (1): 12-21.

[201] 许海平, 王岳龙. 我国城乡收入差距与全要素生产率——基于省域数据的空间计量分析 [J]. 金融研究, 2010 (10): 54-67.

[202] 许政, 陈钊, 陆铭. 中国城市体系的"中心—外围模式"——地理与经济增长的经验研究 [J]. 世界经济, 2010 (7).

[203] 严善平. 人力资本、制度与工资差别——对大城市二元劳动力市场的实证分析 [J]. 管理世界, 2007 (6).

[204] 曾广录, 颜建晔, 李三希. 城乡基础设施财政投入不均的收入差距效应 [J]. 浙江社会科学, 2014 (1): 41-45.

[205] 张军, 高远, 傅勇, 张弘. 中国为什么拥有了良好的基础设施? [J]. 经济研究, 2007 (3): 4-19.

[206] 张军, 周黎安. 为增长而竞争: 中国增长的政治经济学 [M]. 上海: 格致出版社, 上海人民出版社, 2007.

[207] 张立军, 湛泳. 金融发展影响城乡收入差距的三大效应分析及其检验 [J]. 数量经济技术经济研究, 2006 (12): 73-81.

[208] 张鹏, 于伟. 城市化进程、空间溢出与城乡人力资本水平差距——基于省域尺度和受教育年限的空间计量研究 [J]. 教育与经济, 2015 (6): 11-17.

[209] 张寿正. 关于城市化进程中农民失地问题的思考 [J]. 中国农村经济, 2004 (2): 44-49.

[210] 张义博, 刘文忻. 人口流动、财政支出结构与城乡收入差距 [J]. 中国农村经济, 2012 (1): 16-30.

[211] 赵亮, 张世伟. 农村内部收入不平等变动的成因——基于回归分解的研究途径 [J]. 人口学刊. 2011 (5): 50-57.

[212] 赵人伟, 李实, 卡尔·李思勤. 中国居民收入分配再研究 [M].

北京：中国财政经济出版社，1999.

[213] 赵为民，蒋长流. 公共支出受益归宿与收入再分配效应研究动态 [J]. 财政研究，2018（6）：89-100.

[214] 钟笑寒. 劳动力流动与工资差异 [J]. 中国社会科学，2006（1）：34-46.

[215] 周黎安. 中国地方官员的晋升锦标赛模式研究 [J]. 经济研究，2007（7）：36-50.

[216] 周业安. 县级财政支出管理体制改革的理论与对策 [J]. 管理世界，2000（5）：122-132.

[217] 周毅. 城市化理论的发展与演变 [J]. 城市问题，2009（11）：27-31.

[218] 朱金霞，吕康银，李盛基. 我国城乡居民收入差距及其分解[J]. 技术经济与管理研究，2014（12）：125-128.

后 记

收入分配问题是近年来学术界格外关注的研究主题。在全球经济增速放缓的大背景下，世界各国都愈加重视社会公平，而收入公平更是其中最核心的问题。我国的收入分配问题与世界其他国家相比具有自身的特点：我国还处在经济转型发展的关键阶段，经济发展的效率与公平都需要得到兼顾，伴随着人口向城市加速流动的趋势，城市规模和集聚分工水平不断提高，在经济效率提升的过程中，居民收入分配会产生怎样的变化，以及如何利用政府公共品供给手段优化居民收入分配就成为了本书研究关注的焦点。在将近六年的研究中，本书得到了国家社科基金项目"城市化背景下公共品供给的收入分配效应研究"（项目批准号：13BJL032）的资助，也是该项目最终研究成果之一。

在本书的研究开展过程中，许多人都给予极大的支持和帮助。首先我要感谢我的博士生导师暨南大学的李郁芳教授，是她耐心的指导才使得本研究能够顺利完成，她渊博的学识和严谨的治学也一直在引导和鼓励我的研究工作，在此向她表示最诚挚的谢意。同时，还有暨南大学的王兵教授和刘金山教授，以及广西大学的梁权熙副教授，他们在我求学和研究的过程中都给予了极大的帮助，在此也向他们表示衷心的感谢。当然，也要感谢经济管理出版社的领导和各位编辑老师，正是他们的辛勤付出才使得本书得以顺利出版。最后，还要感谢我的父母和妻子，他们在我求学和研究的道路上一直默默付出、全力支持，我才能够始终专注在自己的研究工作上，取得了今天的成果。

收入分配这一研究主题将始终是经济学和社会学领域最重要的问题之一，本书的研究成果虽然在一定程度上回答了部分理论和实践问题，但是仍然存在着许多不足和遗憾，希望在未来的研究工作中能够继续深入挖掘这一主题，为收入分配理论发展和政策实践提供更多有意义的研究成果。

刘　炫

2020 年 3 月 2 日

2